あたりまえだけど
なかなかできない

敬語のルール

山岸弘子

明日香出版社

間違い敬語で評判を
落としていませんか

言葉遣い一つで
人に好かれる
仕事が
しやすくなる

目上とのコミュニケーションに
自信を持ち、仕事を円滑にすすめるための本

まえがき

「先生、僕にも敬語を教えてください」

「私も真剣に敬語を勉強したいと思っています」

この言葉は、名刺交換するたびに、たくさんの人に言われる言葉です。

敬語に苦手意識を持っている人や、敬語を上手に使いたいと思っている人が増えてきているように思います。さらに、敬語の5分類化の影響もあり、敬語に対する関心が高まってきていることを感じています。


敬語の学習をスタートさせるのなら、いまです。

本書では、敬語の基礎的な知識から、ビジネスシーンの敬語、慶弔の敬語まで、豊富な用例をあげ、幅広く敬語について触れています。

また、目上の人との会話から後輩社員との会話の仕方まで、コミュニケーションを円滑にするための、言葉づかい全般についても触れています。

話題の敬語の5分類を含め敬語の文法にも触れていますが、まず、興味のある箇所から読みはじめていただき、必要なときに辞書のように活用していただくこともできます。

気に入ったフレーズがあれば、声に出して繰り返し練習することをお勧めします。知っていることと、実際に使えることとは違います。知識をインプットしたら、アウトプットする練習を重ねることが大切です。これは、語学の学習と同じです。

そして、練習をしたら、実際のビジネスシーンで使ってみてください。最初は、うまく使えないかもしれませんが、失敗を恐れずに敬語を使うこと、これが、上達の早道です。

さあ、あなたの未来を輝かせるために、敬語の扉を開けてみませんか。

山岸　弘子

あたりまえだけどなかなかできない 敬語のルール

カバーデザイン：渡邉民人（TYPE・FACE）

敬語のルール

01

敬語は何のために使う

「敬語を使えるようになったら仕事を任されるようになりました」

「自信を持って会話ができるようになりました」

「人から尊重されるようになりました」

これらの声は、ＮＨＫ学園通信教育「話し上手は敬語から」講座で意欲的に敬語を学んだ受講者から寄せられた実感です。

逆に、敬語が使えないとどのようなことが起こるのでしょうか。

相手が言葉づかいに不快感を覚え、コミュニケーションがとりづらくなることが考えられます。つまり、仕事を任せてもらえない、会話に自信が持てない、人から尊重されないなどの状況に置かれ、マイナスのスパイラルが起きかねません。

したがって、社内外で活躍するためには、まず、社内で、正しく、適切な敬語を使えることをアピールする必要があります。間違い敬語を使い、不適切な言葉づかいをする部下に、安心して対外的な仕事を任せる上司はいないでしょう。上司や社内の人間に信頼してもらうためには、まず、社会人として、正しい敬語、適切な表現を身につけていくことが必要不可欠です。

では、正しい敬語や適切な表現を身につける方法ですが、それは地道に自らの力で意識的に学んでいくしかありません。巷には、間違い敬語やおかしな表現が氾濫しているからです。

まず、ボキャブラリーを増やし、場面に応じた表現ができるように、さまざまな表現を身につけていきましょう。そして覚えた敬語や表現を積極的に使ってみましょう。

仮に、いままであなたが敬語をきちんと使っていなかったとしたら、適切な敬語を使うことで、きっと、あなたを見る周りの目が変わってくるはずです。そのことにより、あなたは自信を深め、上司や社外の人と堂々と会話をすることができるようになるでしょう。

いままでも適切な敬語を使っていたとしたら、場面に応じた表現や間違い敬語について詳しく知ることにより、社内の敬語のリーダーとして一目置かれる存在になるはずです。

適切な敬語の使用はいま以上にあなたを輝かせてくれるでしょう。

敬語のルール

02

目上の人とのコミュニケーション

「課長、具合はどうですか？」

「課長、お加減はいかがでしょうか？」

風邪で仕事を休んでいた上司が出勤したとき、あなたならどのような言葉をかけますか？

また、自分が年の離れた後輩に声をかけられる立場だったとしたら、どちらの言葉をかける後輩に対して「敬語がきちんと使える」という評価を与えるでしょうか？

良好なコミュニケーションのためには、目上の人には、敬語をきちんと使う必要があります。目下の人になれなれしい話し方をされたり、敬語抜きの話し方をされたりして気持ちのよい人は少ないからです。

入社2、3年の社会人にアンケートを取ってみると、

「年の近い後輩にタメ口で話されることが不快」

「後輩がなれなれしく話しかけてくるが、友だちではないことを自覚してほしい」

などという意見が数多く寄せられます。入社年が1年早いだけであっても、先輩は先輩です。目上であることには変わりないのです。目上の人には敬語を使うという社会のルールを無視していると、

・社会人としての自覚がない
・なれなれしく態度が大きい
・言葉づかいを知らない

などのマイナスの評価をされてしまいます。

たとえ年が近くても、社会人である以上は、目上の人には敬語をきちんと使って話してみましょう。その際には、相手との心理的、社会的距離に応じて敬語のレベルも使い分けます。

つまり、1年先輩に使う敬語と、社長に使う敬語とは敬語のレベルが違うということです。

相手との心理的、社会的距離を自覚し、その距離に応じた敬語を使うことができると、あなたの評価は一層あがることでしょう。

敬語のルール

03

言葉づかいのセンスを磨こう

服装のセンスがよい人たちがいます。センスのよいものを身につけ、センスのよいコーディネートをして、自分も楽しみ、周りも楽しませてくれます。

そのような人たちは、洋服や生地についての知識も豊富です。たくさんの洋服を実際に手に取り、その中から自分に似合う洋服を選び、コーディネートを工夫するという経験を重ねて、そのセンスを身につけているのでしょう。

また、センスのよい人は、ＴＰＯを考慮することも忘れません。

どのようにセンスのよい服であっても、着ていく場の雰囲気や会う相手への配慮がなければ、そのセンスを認めてもらうことは難しくなります。

洋服選びにセンスが必要なように、言葉づかいにもセンスが必要です。どの場面で、どのような言い方をするのか、そこにその人のセンスが表れます。先輩が使っているから、他社の人も使っているから、と言葉を吟味せずに、なんとなく使っていたのでは、センスはいつまでたっても磨かれていきません。

センスを磨くにはまず、言葉への関心を高め、自分の言葉の引き出しに入れる言葉を吟味することです。そして、ワンパターンなコーディネートにならないように、表現を工夫するという経験を重ねていくことが大切です。

さらに、話す場の雰囲気や話す相手、話す内容によって、言葉づかいを工夫する姿勢が、センスを磨くことに繋がります。

「よろしかったでしょうか?」
「こちらが○○になっております」
「お名前様をいただけますか?」

などのいわゆるマニュアル敬語に嫌悪感を示す人が多いのは、その表現が違和感を与える表現であることはもちろんですが、そこに相手や状況に配慮する姿勢が見られず、お仕着せの敬語を無頓着に使っていると感じる人が多いからでしょう。

相手を大切に思う気持ちをあなたの言葉で伝える努力、その努力が言葉のセンスを磨いていきます。

敬語のルール

04

最優先で覚えたい敬語

ビジネスシーンで活躍する基本的な敬語があります。社会人として使いこなしたい敬語ですので、口からすらすら出てくるまで声に出して練習をしてみましょう。

下段の「さらに丁寧に言う間柄」にあげた敬語が、社外の人に使う敬語の基本だと覚えておいてください。言いにくい言葉があるかもしれませんが、何回か口に出して練習し、実際に使ってみるとだんだんに自分になじんできます。

敬語が不要な間柄	丁寧に言う間柄	さらに丁寧に言う間柄
ある	あります	ございます
いい？	よろしいですか？	よろしゅうございますか？

知っている？	知っていますか？	ご存じですか？
知らない	知りません	存じません
する	します	いたします
そうだ	そうです	さようでございます
できない	できません	いたしかねます
どうする？〈相手〉	どうしますか？	いかがなさいますか？
どうする？〈自分〉	どうしますか？	いかがいたしましょうか？
ほしい	ください	くださいますでしょうか？
わかった	わかりました	承知いたしました
わからない	わかりません	わかりかねます
会った？	会いましたか？	お会いになりましたか？
行く？	行きますか？	いらっしゃいますか？
来る？	来ますか？	おいでになりますか？
見た？	見ましたか？	ご覧になりましたか？

敬語のルール

05

場面別覚えておきたい敬語

ビジネスの現場で使える基本的な敬語は、ルール4で紹介しました。この項で紹介するのは、仕事をしているうえで遭遇しやすい場面での敬語です。前項同様、繰り返し声に出して練習してみましょう。

待ってもらうとき	こちらで少々お待ちくださいませ。 こちらにおかけになってお待ちくださいませ。 ○分ほどで担当者がまいります。お待ちいただけますか?
頼むとき	恐れ入りますが…願えませんでしょうか? 恐れ入りますが…お願いいたします。

引き受けるとき	はい、かしこまりました。 はい、承知いたしました。
見送るとき	お忙しい中をお越しいただき、ありがとうございました。 貴重なお話をお聞かせいただき、ありがとうございました。 どうぞお足元に気をつけてお帰りくださいませ。
来客のとき	お忙しい中をお越しいただき、ありがとうございます。 お寒い中をお越しいただき、ありがとうございます。 お暑い中をお越しいただき、ありがとうございます。 お足元の悪い中をお越しいただき、ありがとうございます。
用件を聞くとき	ご用件を承ります。 どのようなご用件でしょうか? ご用件は承りましたでしょうか?

敬語のルール

06

誰もが使っている？間違い敬語

①「そちらにお座りしてお待ちください」
②「こちらの用紙にご住所をご記入してください」
③（社外の人に対して）「（自社の）部下からうかがっています」
④（社外の人に対して）「（自社の）部長にお渡ししました」
⑤「こちらの書類はご覧になられましたか？」

あげればきりがないほど、テレビでも、オフィスでも、街でも間違い敬語が氾濫しています。

謙譲語を尊敬語として間違って使っている例（①・②）、謙譲語を丁寧語として間違って使っている例（③）、社外の人の前で社内の人を高めている例（④）、いわゆる二重敬語（⑤）

など、間違い敬語を耳にしない日はありません。

一方、敬語に対する関心が高い人たちもいます。その人たちがビジネスの相手だったら、相手は間違い敬語を頻繁に使う人をどのように感じるでしょうか。

別々の会社が開発した二つの製品があったとします。同じような機能、同じような価格、会社の規模も同じくらいだったとしたら、相手は何を基準に選ぶでしょうか。営業マンの誠意、熱意が大きく働くことは言うまでもありません。それに加え、営業マンの言葉の確かさが大きな影響を与えます。

片方の営業マンは、適切な敬語を使い、片方の営業マンは間違い敬語を頻繁に使っているとしたら、商談がうまく進むのがどちらかは明らかです。

間違い敬語の中でも特に注意が必要なのは、相手を不快にする間違い敬語です。詳しい説明は後にしますが、相手を不快にしてしまっては商談の発展も期待できません。①、②は、目の前の相手を低める大変失礼な間違い敬語です。

そして、**敬語の使い方を誤ると、相手に失礼であるばかりではなく、自分の評価、自社の評価を下げてしまいます。相手のためはもちろん、自分のためにも正しい敬語を身につけていきましょう。**

敬語のルール

07

尊敬語の使い方の誤り

次にあげるのは、尊敬語の間違い敬語です。どのような表現が間違いなのかを知り、正しい的確な表現を身につけましょう。

①社内の人の行為を尊敬語で表してしまう

社外の人に話すときは、社内の人の行為には尊敬語を使わずに謙譲語を使うのが原則です。特に、上司のことを他社の人に話すときに、上司の行為に尊敬語を使わないように注意してください。

社内では上司の行為に尊敬語を使いますが、他社の人と話すときは上司を身内扱いにしなければいけません。他社の人と話すときは上司の行為を謙譲語で表します。

間違い例	正しい言い換え例
（他社の人に） 高橋課長は席をはずしていらっしゃいます 高橋課長がおっしゃっておりました 企画書は高橋課長がご覧になりました	高橋は席をはずしております 高橋が申しておりました 企画書は高橋が拝見しました

② 高める必要のないものに尊敬語を使ってしまう

間違い例	正しい言い換え例
そちらは晴れていらっしゃいますか この似顔絵よく似ていらっしゃいますね 電車が到着なさいました	そちらは晴れていますか この似顔絵よく似ていますね 電車が到着いたしました

③ 二重敬語を使ってしまう

一つの語を二重に敬語化するものを二重敬語と言います。「おっしゃる」「ご覧になる」で十分な敬語であるのに、さらに「れる」を添加して、「おっしゃられる」「ご覧になられる」と表現するもので、過剰な敬語表現とされています。（用例は「ルール11」で紹介）

敬語のルール

08

これだけは覚えておきたい謙譲語の使い方の誤り

① 別語形式の謙譲語を尊敬語のつもりで使ってしまう

高めるべき相手の行為は、尊敬語を使って表現するべきですが、謙譲語を尊敬語と勘違いして使っている間違いがあります。高めるべき相手の行為を謙譲語で表現するのは、相手に対して大変失礼ですので、注意してください。

間違い例	正しい言い換え例
書類を拝見してくださいましたか	書類をご覧くださいましたか
受付でうかがってください	受付でお聞きください
どうぞいただいてください	どうぞ召し上がってください

②謙譲語のあとに尊敬語をつけ、尊敬語のつもりで使ってしまう

謙譲語のあとに尊敬語をつけても、尊敬語にはなりません。

間違い例	正しい言い換え例
社長が申されました	社長がおっしゃいました
いかがいたされますか	いかがなさいますか
食事にまいられませんか	食事にいらっしゃいませんか

③「お／ご～する」という添加形式の謙譲語を尊敬語のつもりで使ってしまう

特に、「お／ご～してください」「お／ご～していただけませんか」という誤用が増えています。「お／ご～して」の元の形は、謙譲語の「お／ご～する」ですから、高めるべき相手の行為に使うのは誤りです。「して」を取れば正しい言い方になります。

間違い例	正しい言い換え例
ご利用してください	ご利用ください
ご乗車してください	ご乗車ください
ご記入していただけますか	ご記入いただけますか

敬語のルール
09

さらに覚えておきたい謙譲語の使い方の誤り

① 「お／ご〜される」を尊敬語のように使ってしまう

「お／ご〜する」は謙譲語ですので、「れる」をつけても尊敬語にはなりません。

間違い例	正しい言い換え例
お答えされる	お答えになる
ご利用される	ご利用なさる
ご卒業される	ご卒業なさる

② 「お／ご〜できる」を尊敬語のように使ってしまう

「お／ご〜できる」は、謙譲語の「お／ご〜する」の可能形ですので、高めるべき相手の行為に用いるのは誤りです。

間違い例	正しい言い換え例
お求めできます	お求めになれます
ご利用できます	ご利用になれます
ご試着できます	ご試着になれます

なお、接客用語では、「お／ご〜いただけます」という表現が主に使われています。

③ 謙譲語の働きを知らないで使ってしまう

謙譲語Ⅰには、行為の関係する先方を高める働きがあります。したがって、外部の人の前で、身内や社内の人に関係する行為を謙譲語Ⅰで表現するのは誤りです。謙譲語Ⅱが使える場合は、謙譲語Ⅱを使って聞き手に対する敬意を表現しましょう（ルール12参照）。

間違い例	正しい言い換え例
母からうかがっております	母から聞いております
明日は実家にうかがいます	明日は実家にまいります
弊社の高橋には申し上げました	弊社の高橋には申しました

敬語のルール 10

相手を不快にする間違い敬語とは

間違い敬語については、詳述しました。さて、相手を不快にする間違い敬語とはどのようなものでしょうか。

① 謙譲語を尊敬語として使う間違い

社外の人に対して、

「窓口でうかがってください」

「こちらでお待ちしてください」

「あちらでいただいてください」

などの表現は、相手の行為を謙譲語で表現していますから、相手を低めることになってしまいます。人は、自分がどのように待遇されるのかということに敏感です。相手から低められたと感じれば当然不快になります。

② 社外の人に対して話すときに、自社の上司の行為を尊敬語で表現する間違い

社外の人に対して、

「(自社の) 支店長がごあいさつにいらっしゃいます」

「(自社の) 部長がおっしゃっていました」

などと表現するのは、失礼です。高めるのはあくまでも社外の人であるからです。

③ ①+②の複合型

「(自社の) 支店長がごあいさつにいらっしゃいますので、お待ちしてください」

「(自社の) 部長がおっしゃっていましたから、直接うかがってください」

などの表現は、社外の人に対して話す際に、社内の上司の行為を高めて表現し、その上、社外の相手の行為を低めて表現しています。これでは、相手が不快になったり、不信感を抱いたりしても仕方がありません。

「支店長がごあいさつにまいりますので、お待ちください」

「部長が申しておりましたから、直接お聞きいただけますか」

と表現すれば、正しい言い方になります。

誰を高め、低めているのか。敬語を使うときにはこの点に細心の注意を払うべきです。

敬語のルール 11

二重敬語とは

左頁の上段は、二重敬語と呼ばれるものです。まわりくどい印象を受けませんか？

それぞれ、下段の表現が正しい敬語となります。


二重敬語とは、ひとつの単語を二重に敬語化するものを言います。「おっしゃる」「お越しになる」「おいでになる」「ご覧になる」ですでに敬語化されていて十分なのですが、さらに「れる」という尊敬語をつけています。

ひとつの単語を二重に敬語化したからといって、敬意が高まるものではありません。

二重敬語は、敬語を使い慣れない人や敬語の知識が十分に身についていない人が、「丁寧に言おう」と思うがゆえに使ってしまうものです。

前述の相手を低め、その結果、相手を不快にする敬語と違って、二重敬語を使ったからといって相手を不快にすることは少ないと思いますが、過不足のない表現で、「美しい敬語を使う人」という印象を与えたいものです。

二重敬語	正しい敬語
○○さんがおっしゃられていました	○○さんがおっしゃっていました
○○さんがお越しになられました	○○さんがお越しになりました
○○さんがおいでになられました	○○さんがおいでになりました
○○さんがお帰りになられました	○○さんがお帰りになりました
○○さんがお話しになられました	○○さんがお話しになりました
○○さんがご覧になられました	○○さんがご覧になりました

敬語のルール

12

尊敬語と謙譲語を理解しよう

敬語には、尊敬語、謙譲語Ⅰ、謙譲語Ⅱ、丁寧語、美化語があります。使い方が難しいのは、尊敬語と謙譲語です。尊敬語と謙譲語の働きの違いと使い方を理解することが、正しい敬語を使うスタートになります。

① 尊敬語

相手や話題に登場する人物について、また、その人側の物、動作、状態などを高めて表現するときの敬語です。

「いらっしゃる」「おいでになる」「お越しになる」「召し上がる」「ご覧になる」「お読みになる」「お聞きになる」などが挙げられます。

② 謙譲語

謙譲語の二分類については、はじめて耳にする人も多いことと思います。最初は難しく感じられると思いますが、区別を覚えてしまうと、敬語の使い間違いは減っていきます。

謙譲語Ⅰ……話題に登場する人物を低めることによって、**その相手方の人（話題の人の行為の関係する先方）を高め、敬意を表す謙譲語。**
「拝見する」「うかがう」「いただく」「頂戴する」「申し上げる」「お伝えする」「ご連絡する」など。

謙譲語Ⅱ……話題に登場する人物を低めることにより、**聞き手に敬意を表す謙譲語。**
「おる」「まいる」「申す」「いたす」など。

謙譲語Ⅰには、行為の関係する先方を高める働きがありますので、謙譲語Ⅰを使って、「弟に申し上げます」「実家にうかがいます」などと表現するのは誤りです。高める必要のない、「弟」や「実家」を高めてしまうことになるからです。謙譲語Ⅱを使って、「弟に申します」「実家にまいります」と表現すれば、聞き手に敬意を表したことになり適切な表現になります。

敬語のルール 13

尊敬語の別語形式・添加形式

尊敬語を作るときには、別の語に言い換える方法と、尊敬語をつけ加える方法とがあります。別の語に言い換える方法を別語形式と呼び、尊敬語をつけ加える方法を添加形式と呼びます。別の語に言い換えられる語は、積極的に言い換えてみましょう。

① **別語形式**……別の語に言い換えて尊敬語にする方法

普段の言葉	別語形式
言う	おっしゃる
行く	いらっしゃる
する	なさる

普段の言葉	別語形式
食べる	召し上がる
見る	ご覧になる
知る	ご存じ

②添加形式……「れる」「なさる」「お／ご〜なさる」「お／ご〜になる」「お／ご〜くださる」を添加して、尊敬語にする方法

〜れる	「言う」→「言われる」 「行く」→「行かれる」
〜なさる	「運転する」→「運転なさる」 「提案する」→「提案なさる」
お／ご〜なさる	「電話する」→「お電話なさる」 「連絡する」→「ご連絡なさる」
お／ご〜になる	「聞く」→「お聞きになる」 「読む」→「お読みになる」
お〜くださる	「並ぶ」→「お並びくださる」 「注意する」→「ご注意くださる」

敬語のルール 14

謙譲語の別語形式・添加形式

謙譲語にも別語形式と添加形式があります。謙譲語には、謙譲語Iと謙譲語IIがあり、それぞれ働きが違いますので、誰を高めるためにその謙譲語を使うのかということを意識して使ってみましょう（ルール12参照）。

① **別語形式**…別の語に言い換えて謙譲語にする方法

普段の言葉	謙譲語I	謙譲語II
言う	申し上げる	申す
行く	うかがう	まいる
知る	存じ上げる	存じる

②**添加形式**…「お／ご～する」「お／ご～いたす」「お／ご～申し上げる」「お／ご～いただく」「お／ご～願う」などを添加して謙譲語にする方法

お／ご～する	「待つ」→「お待ちする」 「説明する」→「ご説明する」
お／ご～いたす	「知らせる」→「お知らせいたす」 「案内する」→「ご案内いたす」
お／ご～申し上げる	「祈る」→「お祈り申し上げる」 「連絡する」→「ご連絡申し上げる」
お／ご～いただく	「送る」→「お送りいただく」 「届ける」→「お届けいただく」
お／ご～願う	「許す」→「お許し願う」 「容赦する」→「ご容赦願う」

敬語のルール

15

丁寧語・美化語

丁寧語も美化語も使い方が難しいものではありませんが、美化語については過剰に使わないように気をつけましょう。

①丁寧語

話し手の丁寧な気持ちを直接表現するために用いられる敬語。「です」「ます」「ございます」が、丁寧語の代表です。

「です」も「ございます」も同じ丁寧語ですが、「ございます」を使ったほうがより丁寧な印象を相手に与えます。社外の人との会話、社内の心理的、社会的距離のある人との会話には、「ございます」を使うことを勧めます。たとえば、「こちらが企画書です」よりも「こちらが企画書でございます」と言ったほうが、相手に丁寧な印象を与えます。

また、丁寧語には、相手を直接高める働きはありませんので、

「○○さんでございますか?」

「○○をお持ちでございますか?」

という表現をするより、

「○○さんでいらっしゃいますか?」

「○○をお持ちでいらっしゃいますか?」

などと、尊敬語を使ったほうが敬意をストレートに伝えることができます。

② 美化語

表現の上品さ、美しさの水準を上げるために用いられる敬語。「お/ご」をつけるのが、美化語の代表です。

「お土産」「お箸」「お金」「お茶碗」などです。ただし、外来語や長めの言葉には、「お/ご」がつきにくいとされています。そのほか、「お/ご」をつけると不自然になる言葉もあります。

「おコーヒー」「おビール」「おにんじん」「おブロッコリー」などは、なじまない表現です。

敬語のルール

16

改まり語

ビジネス社会では、普段の言葉を改まり語に変えて使ったほうがよいときがあります。改まり語とはつまり、改まった雰囲気をかもし出すために使う言葉です。

会議や式などはもちろん、日常的な上司との会話、社外の人との会話に使います。また、記録に残りやすい文書を作る際にも活躍します。改まり語を使うと後に続く言葉も自然に丁寧になりますので、たくさん覚えて使いこなしましょう。

なお、和語よりも漢語を使ったほうが改まった雰囲気を出せますので、文書のときには、和語よりも漢語のほうが使われています。

左頁に改まり語をまとめておきましたので、参照してください。

普段の言葉	改まり語
後で	後ほど
いくら	いかほど
あした	明日
あさって	明後日
おととし	一昨年
おととい	一昨日
きのう	昨日
きょう	本日
去年	昨年
ゆうべ	昨夜
この間	先日
この前	前回
この次	次回

普段の言葉	改まり語
さっき	先ほど
すぐに	ただいま・至急
あっち	あちら
こっち	こちら
どっち	どちら
どう	いかが
どこ	どちら
どれ	どちら
どんな	どのような
どれくらい	いかばかり
謝る	謝罪する
送る	送付する
書く	記入する

普段の言葉	改まり語
考え直す	再考する
配る	配布する
確かめる	確認する
頼む	依頼する
作る	作成する
少し	少々
わたし	わたくし
もうじき	まもなく
いま	ただいま
これから	今後
忘れる	失念する
すぐに	早急に
前から	以前から

敬語のルール 17

クッション言葉

会話の中のクッション役をする言葉をクッション言葉と呼びます。クッション言葉が入ると、相手にやわらかく伝わります。用件にすぐに入るよりも、クッション言葉を使ってから用件に入るほうが、相手に配慮している気持ちが伝わります。

そして、何より、クッション言葉を使うと、自分自身の気持ちもおだやかになり、その後に続く言葉も自然に丁寧になります。

①尋ねるとき
お差し支えなければ…… お尋ねしたいことがあるのですが…… うかがいたいことがあるのですが……

② 依頼するとき	③ 詫びるとき・断るとき
恐れ入りますが…… 恐縮でございますが…… お手数をおかけいたしますが…… ご迷惑をおかけいたしますが…… ご面倒でなければ…… お時間がありましたら…… ご都合がよろしければ……	あいにくでございますが…… せっかくでございますが…… 大変残念でございますが…… 申し訳ございませんが…… お忙しいところ申し訳ございませんが…… お手数をおかけし申し訳ございませんが…… お役に立てずに申し訳ございませんが……

敬語のルール

18

敬称を覚えよう

目上の人の家族は敬称で表現しますが、相手との関係に応じて敬称も使い分けます。たとえば、後輩社員には「奥さん元気か?」という表現で事足りますが、先輩社員や上司に「奥さん元気か?」とは言えません。先輩社員や上司の奥さんのことは、「奥様」という敬称を使い、「奥様はお元気ですか?」「奥様はお元気でいらっしゃいますか?」と表現します。

また、手紙では、さらに丁寧にご令室、ご令室様とも書きます。手紙の敬称は、会話の敬称より丁寧にする慣習があるからです。

ご尊父様、ご母堂様なども手紙や電報で使う敬称で、日常会話ではほとんど使われません。相手との関係や場面に合わせて敬称も使い分けましょう。

普段の言葉	敬称
父	お父様　ご尊父様
母	お母様　ご母堂様
両親	ご両親　ご両親様
夫	ご主人　ご主人様
妻	奥様　ご令室
息子	ご子息　ご子息様　ご令息
娘	お嬢様　ご令嬢
兄	お兄様　兄上様　ご令兄
姉	お姉様　姉上様　ご令姉
弟	ご令弟
妹	ご令妹
孫	ご令孫
親戚	ご親戚　ご親族

普段の言葉	敬称
会社	貴社　御社
銀行	貴行
学校	貴校　貴学
店	貴店
病院	貴院
家	貴家　尊家　貴宅　貴邸
住所	貴地　御地
名前	お名前　ご芳名
官庁	貴庁　貴省
会	貴会
本	ご高著　貴著
手紙	お手紙　貴簡　ご芳書　玉書
詩歌	玉詠　玉吟

敬語のルール 19

「れる」「られる」をつけた敬語に注意

「部長が課長に言われていました」

さて、この表現で、部長が言ったのか、課長が言ったのかわかりますか？

「言われる」を尊敬の意味に取れば、部長が言ったことになり、受身の意味に取れば、課長が言ったことになります。つまり、この表現では、部長が言ったのか、課長が言ったのか、はっきりしないのです。

「添付ファイルを見られましたか？」

この意味はどのような意味だと思いますか？

「添付ファイルをご覧になりましたか？」
「添付ファイルを見ることができましたか？」
「添付ファイルを誰かに見られませんでしたか？」

のように、いろいろな意味に取れます。つまり、「れる」「られる」を使った表現では、話し手や、書き手の意図を正確に伝えるのが難しいのです。

「部長は、明日行かれますか？」

この表現はどうでしょうか？

「明日、いらっしゃいますか？」

「明日、行くことができますか？」

の二通りの意味に取れます。

「言われていました」「見られましたか？」「行かれますか？」など、「れる」「られる」を使った表現は、誤解を生みやすいものです。**別語形式の尊敬語を使える場合には、別語形式の尊敬語を使うと、尊敬の意味であることが明確に相手に伝わります。**

「部長が課長におっしゃっていました」

「添付ファイルをご覧になりましたか？」

「部長、明日、いらっしゃいますか？」

と、別語形式の尊敬語を使えば、誤解を生むことなく、相手に敬意が伝わります。

敬語のルール

20

「れる」敬語を言い換えよう

「れる」「られる」をつけた尊敬語は誤解を生みやすいと前述しました。それでは、実際に「れる」敬語を言い換えてみましょう。

別語形式の尊敬語に言い換えられる場合には、積極的に別語形式に言い換えます。左頁の上段を見てください。別語形式のものは限られてしまいますので、覚えてしまうとよいでしょう。

一方、別語形式がない場合には、「お〜になる」という添加形式の尊敬語に言い換えます。左頁の下段を参照してください。

普段から誤解の多い「れる」「られる」という尊敬語をなるべく使わないように心がけてみましょう。

① 別語形式の場合

「れる」「られる」敬語	言い換え例
行かれる	いらっしゃる
言われる	おっしゃる
着られる	お召しになる
見られる	ご覧になる
食べられる	召し上がる
飲まれる	召し上がる
来られる	いらっしゃる
やられる	なさる

② 別語形式でない場合

「れる」「られる」敬語	言い換え例
選ばれる	お選びになる
聞かれる	お聞きになる
尋ねられる	お尋ねになる
会われる	お会いになる
訪ねられる	お訪ねになる
書かれる	お書きになる
話される	お話しになる
思われる	お思いになる
読まれる	お読みになる
借りられる	お借りになる
歩かれる	お歩きになる
探される	お探しになる
立たれる	お立ちになる

敬語のルール
21
これだけは気をつけたい「いまどきの話し方」

「いまどきの言葉」「いまどきの話し方」と呼ばれる言葉や表現があります。ここでは、特に、気をつけたい「いまどきの話し方」について説明します。たとえ、一つひとつの単語が正しくても次のような話し方をするとコミュニケーションに支障をきたします。話し方にも注意が必要です。

① 語尾伸ばし

文字通り、語尾を伸ばして話す話し方のことです。「おはようございますぅ」「ありがとうございますぅ」「○○じゃないですかぁ」「だからぁ」「ですからぁ」などという言い方は、なれなれしい印象を与えます。この話し方を直すだけで、相手に清々しい印象を与えます。

② 半クエスチョン形

「教育問題？ について国民全体が考えるときですよね」など、会話の途中で意味もなく語尾を上げるのを、半クエスチョン形と呼びます。この半クエスチョン形は、若い人ばかりではなく、年配の人の中にも使う人が増えてきました。

しかし、途中で語尾を上げられると、聞き手はそのたびに反応しなければならず、聞き手に負担を与えます。また、半クエスチョン形を多用すると「自信のない人」という印象を与えてしまいます。

③ 発音の省エネ

「ありがとうございます」を「ありとうざいます」「ありざいます」などと発音する若い人が増えてきています。社員研修をしていても「ありとうざいます」と発音する人がいます。真面目な姿勢で取り組んでいる人たちですから、ふざけて言っているわけではありません。意識して雑に発音しているわけではなく、一音、一音をはっきり発音する習慣がなかったようです。非常にもったいない気がします。

自分が発音の省エネをしていないかどうか、一度確かめてみましょう。自分ではあいさつしたつもりでも、「失礼な人」「あいさつもまともにできない」と思われては損です。言葉を相手に届けることを意識して、はっきり発音してみましょう。

敬語のルール

22

これだけは気をつけたい「いまどきの言葉」

言葉に対する意識の高い人と話をすると、「これだけは許せない」「気になって商談に集中できない」という「いまどきの言葉」があります。その中のいくつかをあげてみます。

①「とか」

「とか」は、口ぐせになりやすい言葉のひとつです。「とか」を多用する話し方は、「とか弁」とも呼ばれています。たとえば、「今日とかのご予定とかありますか?」「ファックスとかしましたか?」などの「とか」は不要で、多用すると、あいまいな表現をする人という印象を与えてしまいます。

②「ら抜き言葉」

「出れる」「食べれる」「見れる」のように、本来あるべきはずの「ら」を抜いた言葉は、「ら抜き言葉」とも呼ばれています。「ら抜き言葉を使われた時点で、話す気がなくなる」「取り引きする気がなくなる」という経営者もいるほど、嫌悪感を示す人も少なくありません。地方によっては定着していますが、対外的には、使わないほうが無難でしょう。「出られる」「食べられる」「見られる」と言えばよいのです。

③「ほう」

「書類のほうお持ちしました」のように「ほう」が口ぐせになっている人も見受けます。「ほうは、敬語だと思っていました!」という若い人がたくさんいますが、不要な「ほう」は、相手に敬意を感じさせるどころか、言葉づかいが未熟な人という印象を与えてしまいます。「ほう」を多用した言い方は、「ほうほう言葉」とも呼ばれています。

④「私的」「僕的」

「私的には、こちらがお勧めです」「社内的にはこの方針でと決まりました」などのように使われています。「私といたしましては」「社内においては」と言えば、信頼感を得ることができるでしょう。

⑤「ってゆーか」

年配者でも使う人がいる流行の表現ですが、ビジネスシーンでは控えましょう。

敬語のルール 23

これだけは気をつけたい口ぐせ

いろいろな企業を訪問すると、職場全体の口ぐせがあることに気がつきます。知らず知らずのうちに、相手を不快にしたり、信頼感を失ってしまったりすることがないように、自分自身と職場の口ぐせを、一度客観的に点検してみましょう。

ここでは、気をつけたい口ぐせについて紹介します。

①「いや」

ある企業を訪問し、数人と会話をしたときに、全員が「いや」を多用していました。私が何か言うたびに、第一声が「いや」なのです。「いや」に続く言葉を聞いてみると、「いや、おっしゃるとおりです」「いや、そのように私も思います」などで、私の意見を否定する意味はないことがわかりましたが、そのたびに、身構えてしまった経験があります。コミュニケーションを円滑にするためには、相手の言葉を受け取るときに、否定の言葉からはじめるのは、控えたほうがよいでしょう。

②「ですから」

「ですから」という言葉で、相手の言葉を引き継ぐと、「これだけ言ってもまだわからないの?」というニュアンスを感じさせてしまいます。ことに、クレーム対応のときには、この言葉は厳禁です。

③「ちょっと」

「ちょっと」には、少しという意味とかなりという意味があります。誤解を与えずに話すためには、多用を控えたほうがよいでしょう。

④あいまい言葉

そのほか、あいまいな言葉もビジネスシーンでは控えたいものです。「…みたい」「…ぽい」「…って感じ」なども口ぐせになってしまうと、なかなか直りにくいものです。また、「わりと」「けっこう」も口ぐせになりやすい言葉です。あいまいな言葉が頻繁に会話の中に出てきてしまうと、相手に信頼感を持ってもらうことが難しくなります。

敬語のルール

24

マニュアル敬語に頼りすぎるのはやめよう

いわゆるマニュアル敬語に頼りすぎると、相手に不快感を与えてしまうことがあります。相手を不快にするマニュアル敬語とは、どのようなものなのか、実例をあげてみます。

①「よろしかったでしょうか?」

はじめて訪れたレストランで、「喫煙席でよろしかったでしょうか?」と尋ねられたり、電話で、「○○さんのお宅でよろしかったでしょうか?」と言われたりした経験がある人も多いことと思います。ファミリーレストランの中にも、「よろしかったでしょうか?」という表現を禁止しているところもありますが、この表現は、まだまだ多用されています。過去形にすることで丁寧さを出そうとしているようですが、場面に合わないワンパターンな使い方に違和感を覚える人が多いのです。

初めて許可を得る場面では「よろしいでしょうか?」と言い換えます。

②「○○になっております」

「こちらが企画書になっております」「こちらが新商品になっております」などという表現に要注意です。

「こちらが○○です」と表現すればよいのであり、もっと、丁寧に表現する必要があるときは、「こちらが○○でございます」と表現します。

③「お名前頂戴できますか?」

この表現をマニュアルにしている企業もあるようですが、違和感を与える表現のひとつです。「頂戴する」の元の語は、「もらう」だからです。名前は、あげたり、もらったりするものではありませんから、適切な表現とは言えません。

「お名前をお聞かせ願えますか?」「お名前を承ります」という伝統的な表現を使いましょう。

④「お電話番号をいただけますか?」

この表現も、③と同じです。電話番号は、あげたりもらったりするものではありません。

「電話番号をお聞かせ願えますか?」「電話番号をお教えいただけますか?」と言えば、相手にも信頼感を持ってもらえるでしょう。

敬語のルール
25
社内の人を高める間違い敬語

社外の人から、次のような敬語を使われたら違和感を覚えませんか？　敬意の向かう先が間違っているからです。例をあげながら解説していきます。例文は、社外の人に対する会話です。

①「（自社の）部長がおっしゃっていました」

部長は、社内では敬意を払う対象です。しかし、社外の人に対して話すときに、自社の部長の「言う」という行為を尊敬語で表してはいけません。社内の地位の高い人の行為は、ついつい、社外の人に話すときも尊敬語で表現してしまいがちですので、注意が必要です。

社内の人の行為を社外の人の前で高めないというルールをしっかり覚えましょう。高めるのは、あくまでも社外の人であるからです。「申しておりました」と謙譲語を使って表します。

②「ただいま、（自社の）部長が見えます」

これも、①と同じ間違いです。社外の人に対して話すときは、社内の人の行為は尊敬語ではなく、謙譲語で表します。「部長がまいります」というあいさつが適切です。

③「（自社の）課長に申し上げておきます」

「申し上げる」は、自分を低め、行為の及ぶ先、この例文では課長を高める表現です。社外の人の前で、社内の人を高めてはいけません。「申します」という、聞き手に敬意を払う表現にすればよいのです。

④「ご用件を（自社の）○○にお伝えします」

この表現は、電話応対でよく耳にします。しかし、「お伝えする」は、自分を低め、伝える先を高める表現ですので、この例文の使い方だと、社内の人を高めてしまうことになります。誰を高めるために、その敬語を使うのかということを意識していないと、このような表現をしてしまいがちです。この場合、「申し伝えます」と表現すれば、聞き手＝社外の人に敬意を払ったことになります。「申し伝えます」という表現を覚えておくと、重宝します。

敬語のルール

26

社外の人を低める間違い敬語

次にあげるのは、社外の人を低め、社内の人を高める間違い敬語です。このような表現をしてしまうと、相手を不快にし、信頼感を失いますから、特に注意してください。

①「（自社の）受付でいただいてください」

「いただく」は、もらう人を低め、くれる人＝自社の受付を高めます。これは、大変失礼な間違い敬語です。「お受け取りください」と言えばよいのです。

②「受付でうかがってください」

「うかがう」は、聞く人を低め、聞かれる人＝自社の受付を高めます。社外の人に対して話すときに、「受付でうかがってください」「課長にうかがってくださいますか?」などと、表現すると、社外の人を低め、社内の人を高めることになってしまいます。社外の人の行為は、尊敬語で表すべきですから、「受付でお聞きください」「課長にお尋ねくださいますか？」と言い換えます。

③「○○は会議中ですので、1時間後にお電話してくださいますか？」

「お電話する」は、謙譲語で、電話する人を低め、電話を受ける人を高める働きがあります。例文の使い方だと、電話の相手を低め、社内の同僚を高めることになってしまいます。

「お〜して」は、謙譲語「お〜する」の連用形ですから、行為する人を低めるということをしっかり覚えてしまいましょう。社外の人に対して、「お〜してください」「お〜してくださいますか？」という表現をするのは失礼なことなのです。

④「○○を呼んできますので、お待ちしてください」

③と同じ「お〜してください」の間違いです。「お待ちして」は、待つ人を低め、待たれる人＝社内の人を高めますが、この表現も頻繁に耳にします。使っている人は、「お〜する」の働きを知らずに使っているのだと思います。社外の人を低めているという意識はないのでしょう。

しかし、結果的に社外の人を低める表現になってしまうと、社外の人を不快にしてしまいます。簡単に言えば、「して」を取り払えばよいのです。

敬語のルール

27

尊敬語のレベルアップ

ビジネスシーンで使われる敬語は、どんどん丁寧になってきています。丁寧な表現のほうが相手に好印象を与えるからでしょう。そのような傾向の中で、レベルの低い敬語しか知らない、使えないとしたら、損をしてしまいます。

また、中には、レベルの低い敬語のほうが、相手に親近感を与えると思っている人もいます。それも一理ありますが、それは、相手との関係次第です。ビジネスシーンにおいて、はじめのうちは、レベルの高い敬語を使ったほうが無難でしょう。

ここでは、尊敬語のレベルアップのコツを紹介します。前項でもたびたび説明しましたが、「〜れる」という添加形式の敬語は、あまりビジネスシーンに適さないようにも思えます。「〜れる」という添加形式の敬語を左記の例のように変換すると敬意が十分に伝わることでしょう。

①「～れる」という添加形式よりも、別語形式のほうが丁寧になります

〈例〉課長が言われました　↓　課長がおっしゃっていました
課長が行かれました　↓　課長がいらっしゃいました
課長が見られました　↓　課長がご覧になりました

②「～れる」という添加形式よりも、「～なさる」という添加形式のほうが丁寧になります

〈例〉課長が運転されました　↓　課長が運転なさいました
ドキドキされましたか　↓　ドキドキなさいましたか
ドライブされたそうです　↓　ドライブなさったそうです

③「～れる」という添加形式よりも、「お／ご～になる」という添加形式のほうが丁寧になります

〈例〉こちらの本は読まれましたか　↓　こちらの本はお読みになりましたか
駅まで歩かれました　↓　駅までお歩きになりました
カードを利用されますか　↓　カードをご利用になりますか

敬語のルール
28

表現のレベルアップ

言葉は長く言うほど、相手に丁寧に響くとされています。左の例文を見ても、言葉が長くなるほど丁寧な印象を受けることでしょう。

「これでいい?」という言葉をビジネスシーンで使う人はいないと思いますが、「これでいいですか?」というレベルの敬語ですませてしまっている人は意外に多いようです。

ビジネスシーンでは、日常的に、「こちらでよろしいですか?」「こちらでよろしいでしょうか?」というレベルの敬語を使いこなしたいものです。社会的距離のある人と話す場合や、クレーム対応などの場面では、「こちらでよろしゅうございますか?」というレベルの高い敬語も活躍します。

相手や状況に応じて、敬語のレベルを選択できるようにしておきましょう。

長く言うほど、相手には丁寧に響きます。

〈例〉これでいいですか？
←こちらでよろしいですか？
←こちらでよろしいでしょうか？
←こちらでよろしゅうございますか？
←こちらでよろしゅうございましょうか？

〈例〉明日届けてもらえませんか？
←明日届けていただけませんか？
←明日お届けいただけませんか？
←明日お届けいただけませんでしょうか？

〈例〉○日に来てもらえませんか？
←○日においでいただけませんか？
←○日にお越しいただけませんでしょうか？

敬語のルール

29

相手や相手との関係、状況によって敬語のレベルを選択

敬語のレベルをあげるコツを説明しましたが、いつも最上級の敬語を使っていれば問題がないということではありません。相手との社会的距離、心理的距離を測り、相手にもっともふさわしい敬語のレベルを選択しましょう。

①相手

年齢が近く、親しい社内の先輩に対して、「こちらでよろしゅうございましょうか」「さようでございますか」など、最上級の敬語を使って会話をすると、過剰敬語という印象を与えるでしょう。逆に、社外の人に対して、「これでいいですか」「わかりました」という丁寧語だけの応対をしたなら、なれなれしい、ぞんざいな印象を与えるでしょう。敬語を使えない人という印象を与えるおそれもあります。

敬語にはレベルがあり、相手が求めている敬語のレベルから大きく外れたとき、相手は違和感を覚えるのです。

② 状況

状況に合わせて言葉を選択する姿勢も大切です。書類をバラバラに落として困っている先輩に対して、「お差し仕えなければ、拾わせていただきたいのですが」などと、長い言葉で丁寧に聞くよりも、「お手伝いいたします」という一言とともに、機敏に書類を集めたほうがその場にふさわしい言動と言えるでしょう。

また、大きな荷物を持ってきた社外の人に対して、「よろしければ、お手伝いさせていただきとうございます」と最上級の敬語を使って言うよりも、さっと手を出しながら「お持ちいたします」と声をかけたほうが、その場にふさわしい、相手に配慮した言動と言えるでしょう。

状況にふさわしい敬語表現をするためには、状況を的確に把握する力、相手の気持ちを察知する力も必要です。敬語の引き出しを増やすとともに、その状況にもっともふさわしい言動ができるように、経験を重ねていきましょう。

敬語のルール

30

命令形の使用が激減

ビジネス敬語では、社内、社外を問わず、命令形の使用が激減しました。

上司が、部下に命令をするときも、

「明日までに仕上げておけ」

「これを部長に届けろ」

というような命令形は一般に少なくなってきています。命令形の代わりに、

「明日までに仕上げてくれる?」

「これを部長に届けておいてね」

などと言う上司が多くなってきています。命令形を使っていなくても、上司からの依頼は、

命令ですので、その場合にも、

「いいですよ」「やっときます」という答えは好ましくありません。

「はい、承知しました」「はい、承知いたしました」「はい、承ります」などのレベルの表現で受け答えしたいものです。


また、自分が命令形を使う場合、たとえば、

「明日までに仕上げてください」

「こちらを部長にお届けください」

「こちらでお待ちください」

などと言う場合には、「ください」の「さい」をやわらかく発音すると、命令形がやわらかく相手に伝わります。


電車に乗っていると、「優先席の近くでは、携帯電話の電源をお切りください」という放送が頻繁に流れます。会社によって、また、アナウンスする人によって、この「ください」の強さが違います。「ください」をやわらかく発音されると、こちらの気持ちもやさしくなれるから不思議です。**「ください」は、命令形であることを意識し、やわらかく発音することを心がけると、相手との関係もより好ましいものになっていくことでしょう。**

敬語のルール

31

意向を尋ねる表現の流行

命令形が激減していることを前述しました。ビジネス敬語では、命令形に代わり、相手の意向を尋ねる表現が流行しています。

私も頻繁に仕事の依頼をメールで受けますが、

「明日までにお返事をください」

「○○日までに原稿をお送りください」

というような命令形のメールはなくなりました。命令形の代わりに、

「明日までにお返事をくださいますか？」

「○○日までに原稿をお送りくださいますか？」

という、意向を尋ねる表現がほとんどです。

意向を尋ねる表現のほうが、丁寧に相手に響くからでしょう。

次に、命令形から、意向を尋ねる表現への言い換え例をあげてみます。

命令形	言い換え例
見てください	ご覧いただけますでしょうか
連絡をください	ご連絡をいただけますでしょうか
電話をください	お電話をいただけますでしょうか
お伝えください	お伝え願えますでしょうか
届けてください	お届け願えますでしょうか
渡してください	お渡しくださいますでしょうか
仕上げてください	仕上げてくださいますでしょうか
読んでください	お読みいただけますでしょうか
来てください	お越しいただけますでしょうか
聞いてください	お聞きいただけますでしょうか

敬語のルール 32

基本的な敬語のあいさつ

ビジネスシーンでよく使われるあいさつ、また、ワンランク上のあいさつを紹介します。声に出して練習して、日頃のあいさつで使ってみましょう。

普段の言葉	ワンランク上のあいさつ
寒いですね	お寒うございます
暑いですね	お暑うございます
行ってきます	行ってまいります
戻りました	戻ってまいりました
帰ります	お先に失礼いたします
お世話様です	お世話になっております

久しぶりです
元気でしたか
変わりなくてよかったです
その後どうですか
大事にしてください
お茶を持ってきます
足元の悪い中を
来ていただいて
すみません
すみませんが
忙しいと思いますが
待たせてすみません
風邪を引かないように

ご無沙汰しております
お元気でいらっしゃいましたか
お変わりなく何よりでございます
その後いかがでいらっしゃいますか
お大事になさってください
お茶をお持ちいたします
お足元の悪い中を
お越しいただき
申し訳ございません
恐れ入りますが
お忙しいとは存じますが
お待たせして申し訳ございません
お風邪を召しませんように

敬語のルール

33

言葉の印象に注意

「明日は、行かれますか？」
「部長はテニスもやられますか？」

これらの表現を聞いてどのような印象を持ちますか？　ある銀行で、「行かれますか？」「行かれたことはありますか？」「あ、行かれたんですね」と銀行員が客に話していました。するど、客は、『行かれる』『行かれた』って何なんだ！　失礼じゃないか。気分が悪いからほかの言葉を使ってくれ」と怒りはじめました。

なぜ、客は、怒りはじめたのでしょうか。

「行かれる」は、「行く」に尊敬語の「れる」をつけた表現ですので、文法上は間違いではありません。ただ、耳で聞くと「イカレル」を思い浮かべてしまうので、この客は気分を害し、怒っていたのです。銀行員が、あわてて「失礼しました。いらっしゃったのですね」と言い換えたところ、「そう、それでいいんだ。きちんと敬語を使えるじゃないか」と気分を直した様子でした。

「やられる」も「ヤラレル」を想像させ、語感がよくありません。「やられる」は、男性が使うのをしばしば耳にしますが、この言葉で敬意を伝えるのは難しいでしょう。尊敬語の「なさる」を使い、「部長はテニスもなさいますか?」と尋ねれば、敬意も伝わり、語感も美しくなります。

日本語には、「イカレル」「ヤラレル」のように、語感のよくない言葉があります。別の言葉に置き換えることができないのならば仕方がありませんが、敬意を伝えたいと思う相手に、このような語感のよくない言葉をあえて使う必要もありません。

「れる」「られる」をつけると、簡単に尊敬語を作ることができますので、便利に使われていますが、その言葉の印象にも注意を払い、言葉を吟味してから使いたいものです。

「いらっしゃる」「なさる」という敬意のレベルの高い敬語があるのですから、言い換えるとよいでしょう。語感の悪い言葉には注意が必要です。

敬語のルール

34

目上の人の能力を問うような質問はやめよう

「○○さん、メールはできますか?」
「○○さん、パソコンはおできになりますか?」

このように、目下の人に尋ねられたら、あなたはどのような気持ちを抱きますか?

もし、あなたが、パソコンもメールも使いこなしていたら、それほど不快にはならないでしょう。しかし、パソコンができないことがコンプレックスだったとしたら、「失礼な聞き方をされた」と感じるのではないでしょうか。

人は、自分の能力を問われるような質問に不快感を抱きます。深く考えずに、無意識に目上の人の能力を問うような質問をしてしまうと、あとあとの関係にも影響を及ぼします。相手の能力を問うような質問はできるだけ避けて、さらりと尋ねたいものです。

「○○さん、メールはなさいますか？」

「○○さん、パソコンをお使いになりますか？」

と尋ねれば、相手に不快感を与えることもないでしょう。

また、

「ただいまの説明でご理解いただけましたか？」

「おわかりになりましたか？」

などという質問を耳にすることもありますが、これも、理解力を試されているような印象を与えるおそれがあります。

「説明不足の点はございませんでしたでしょうか？」

「言葉が足りない箇所はございませんでしたでしょうか？」

と、自分側の説明の良否を尋ねる形にすれば、相手に不快感を与えずに、相手に理解してもらえたかどうかを知ることができます。

表現を少し工夫するだけで、相手に与える印象がガラリと変わるのです。**大切なことは、無意識に言葉を発するのではなく、相手の立場、気持ちに思いを馳せ、言葉を吟味して使うということです。**

敬語のルール
35 マナーチェック

せっかく敬語を覚えて使ってみても、マナーが身についていないと、人間関係を築いていくのが難しくなります。

ここで、あなたの社会人としてのマナーをチェックしてみましょう。YES・NOで答えてみてください。NOのところを改善するように努めると、周りからの評価が一層あがることでしょう。

あいさつを自分からしている	YES・NO
あいさつを相手の目を見てしている	YES・NO
お辞儀の3パターンを使い分けている	YES・NO
デスクの周りの整理整頓を心がけている	YES・NO

デスクの引き出しを閉めるときの音に気をつけている	YES・NO
出かける人に「いってらっしゃい」と声をかけている	YES・NO
戻った人に「お疲れ様でした」と声をかけている	YES・NO
席をはずすときに一声かけている	YES・NO
長時間席をはずすときに行き先を告げている	YES・NO
席に戻ったときにあいさつをしている	YES・NO
電話を受けてくれた人へお礼を言っている	YES・NO
お礼を言うとき、相手を見ている	YES・NO
上司が立って話しかけているとき、自分も立って対応している	YES・NO
姿勢を正してイスに座っている	YES・NO
電話を積極的に取っている	YES・NO
伝言を受けたら、メモに書いて相手に渡している	YES・NO
報告・連絡・相談を積極的にしている	YES・NO
帰るときに「お先に失礼します」と声をかけている	YES・NO
先に帰る人に「お疲れ様でした」と声をかけている	YES・NO

敬語のルール

36

相手の目を見てはっきり話そう

敬語を覚える以前のマナーを紹介します。この項で紹介する3点をおろそかにしているようでしたら、気をつけてみましょう。

① 発音をしっかりしましょう

「…ざいま～す」「おはざいま～す」「あざ～す」「ありざいま～す」「ありっとざいます」

…何のあいさつだかわかりますか。

「あざ～す」は論外ですが、本人は、「おはようございます」「ありがとうございます」と発音しているつもりという人が多いのです。発音がはっきりしていないので、周りには、前述のように聞こえてしまう場合があります。一音一音をはっきり発音するように意識してみてください。ハキハキしたあいさつは、相手が心地よいのはもちろんですが、自分自身も清々しい気持ちになります。

② 相手の目を見て話しましょう

あいさつをするとき、会話をするときは、必ず相手の目を見ましょう。相手が話しているのに、パソコンに向かいながら相づちを打つ人も増えているようですが、少なくとも目上の人に対して取る態度ではありません。忙しくてもいったん手を止め、体を相手のほうへ向け、目を見て話をしましょう。

③ ノイズを入れないように気をつけましょう

「っていうか、何て言ったらいいのかな。つまり、あれですよね。けっこう、ニーズが多様化してきているから、なんか、ニーズに合う商品展開とか？ が必要ってことですよね」

前述のような会話を耳にしたことはありませんか？ この会話には、会話のノイズと呼ばれるものがたくさん入っています。ノイズを除けば、

「ニーズが多様化しているから、ニーズに合う商品展開が必要ということですね」

となり、すっきりします。ノイズがたくさん入ると、それだけ、会話に時間がかかり、相手の貴重な時間を奪うことにもなりかねません。ノイズを入れない、明快な話し方を意識してみましょう。

敬語のルール

37

自分からあいさつを

① 誰に対しても、自分からあいさつをしましょう

相手が目上であろうと、目下であろうと、まず自分からあいさつをするように心がけてみましょう。相手との関係ももちろんよくなりますし、職場の雰囲気にも影響します。

若くして管理職になった人から相談を受けたことがあります。年上の部下もできてしまい、関係がギクシャクしているとのことでした。「自分からあいさつをしてみてください」とアドバイスすると、「あいさつは立場が下の人からするものではないですか？」と不思議そうな顔をしていましたが、その管理職は、次の日から「自分からあいさつ」を心がけたそうです。すると、自分の昇進を心よく思っていない雰囲気だった年上の部下の態度が変わってきたそうです。

あなたが、若手社員ならもちろん、中間管理職であっても、「自分からあいさつ」を心がけ

てみてください。職場にさわやかな風が吹いてくるはずです。

② あいさつに、相手の名前を織り込んでみましょう

ただ、「おはようございます」とあいさつをするだけでは、相手に与えるインパクトが小さいのです。「○○さん、おはようございます」と、相手の名前を織り込んでみましょう。名前を呼ぶことで、相手との心理的距離が近づくことを実感するはずです。

③ プラスαのひとことを添えてみましょう

「○○さん、おはようございます」の後に、プラスαの言葉を加えてみましょう。相手との心理的距離が一層近づきます。季節のあいさつなどを入れてもよいでしょう。

【季節のあいさつ】

「お寒うございます」「お暑うございます」
「花冷えでございますね」
「七夕が近づいてまいりましたね」
「紅葉が美しい季節になりましたね」
「日が長くなりましたね」

敬語のルール
38

「理解できた」「理解できない」の意思表示をしよう

話していて、相手が、「理解しているのか、理解していないのか、はっきりわからない」という場合があります。そのような態度は、相手を不安にしますので、理解したときには、理解できたことを伝え、理解できないときには、理解できていないということを相手に伝えましょう。上司の指示がおりてきたときなどに意思表示してください。

① 理解できたとき

「十分理解できました」

「よく理解できました」

「丁寧にご説明いただき、理解が行き届きました」

などと、理解できたことを、言葉ではっきり伝えましょう。

②理解できないとき

「○○というように理解しましたが、間違っておりませんでしょうか?」
「○○の部分が、まだ十分理解できておりません」
「○○について、もう一度ご説明いただけませんでしょうか?」
「○○の部分をお教えいただけませんでしょうか?」
「○○について確認させていただけますでしょうか?」

などと、自分なりの解釈を伝えたり、もう一度説明してくれるように促したりするとよいでしょう。

しかし、再度説明を頼むということは、相手に負担をかけることですから、この場合は、レベルの高い敬語や相手の意向を尋ねる表現を使う必要があります。

「もう一度説明してください」

などという命令形は、もちろん避けなければいけません。

ただ、一番いけないのは、わからないのに、わかったふりをすることです。あとあと周りの人に迷惑をかけることになりますので、質問できる機会にしっかり尋ねておきましょう。

敬語のルール

39

上司に報告するときの敬語

報告・連絡・相談は、「ホウレンソウ」とも呼ばれ、社会人の義務とされています。

報告には、事前報告、中間報告、結果報告、緊急事態やトラブルの報告があります。命令を受けたら速やかに取りかかり、仕事の進捗状況に応じて報告をします。

上司や先輩に「あの件どうなっている?」と聞かれてから答えるようでは、社会人失格と言われても仕方がありません。

■報告の手順

① 要点をメモし、まとめておきます

要領を得た話し方をするために、事前に要点をメモします。

② 必要な書類を整えておきます

「書類を見せて」「先方からの文書を見せて」などと言われてから、あわてることがないように、報告の前に、必要な書類を整えておきます。

③ 結論から先に述べます

結論がわからない話は、先輩や上司をイライラさせます。まず、結論を述べます。

④ 事実と経過を的確に伝えます

事実と経過をわかりやすく、的確に伝えます。感想や見解は、事実や経過を伝えたあとに、必要があれば伝えます。

【報告をする前に使いたい言葉】

「○○の件について、ご報告したいことがございますが、お時間をいただけますか？」
「○○の件について、ご報告したいのですが、十分ほどお時間を取っていただけますか？」
「○○の件について、ご報告したいと存じますが、ご都合のよい時間をお知らせいただけますか？」

敬語のルール

40

上司に連絡をするときの敬語

外出先や帰社時間の連絡、出先からの連絡、伝言の連絡など、さまざまな連絡があります。こまめに連絡をし、仕事をスムーズに進めましょう。

連絡は、5W2Hを念頭において、正確に過不足なく行いましょう。

①WHO… 誰が
②WHEN… いつ
③WHERE… どこで
④WHAT… 何を
⑤WHY… なぜ
⑥HOW… どのように
⑦HOW MUCH… いくら・どのくらい

連絡は、正しく伝えることを最優先し、耳から聞くと判別しにくい言葉、聞き分けが難しい数字（いちどしち・ひびやとしぶや・びょういんとびょういんなど）は言い換えたり、言葉を補足したりしましょう。また、あいまいな表現（週末、数日後、数週間後、朝イチなど）をしないように気をつけます。

また、必要に応じてメモを渡すとよいでしょう。その際は、あて名と、自分の名前、日付、時間を必ず入れておきます。連絡内容を形に残しておけば安心です。乱雑な字や続け字で書くと行き違いのもとになります。丁寧な楷書でメモを書きましょう。

【連絡のときに使いたい言葉】

「○○の件について、ご連絡がございます」

「○○の件について、○○さんからご連絡がございました。詳細は・・・でございます」

「○○さんから、こちらのご連絡を受けました」↓メモを渡す。

敬語のルール
41

上司に相談を持ち寄るときの敬語

① 事前に申し込みをしましょう

相談の場合は、ある程度のまとまった時間が必要ですので、事前に申し込みます。何を相談したいのかをきちんとまとめ、要領よく伝えましょう。そうするには、自分なりの考えや対策をまとめてからその場に臨む必要があります。

② 資料を用意しましょう

資料や進捗状況のわかるものを、前もって準備することも忘れないようにしましょう。

③ その後の報告を忘れないようにしましょう

相談で指示を受けた場合は、迅速に行動し、その後の報告と感謝の言葉を忘れないようにします。相談をして指示を受けたのにもかかわらず、報告を怠っていると、あなたの評価が下がりかねません。

報告や相談が上手にできる社員は伸びると言われます。それは、報告や相談をすればするほど、上司や先輩とのコミュニケーションが円滑になるからです。コミュニケーションが円滑になると、仕事も順調に運び、信頼を得ることができ、上手な報告や相談が好循環を呼ぶのです。

【相談のときに使いたい言葉】

「○○の件について、ご相談したいことがありますが、30分ほどお時間をいただけますでしょうか?」

「○○の件について、ご相談申し上げたいのですが、お時間を取っていただけませんでしょうか?」

【相談を終えたら使いたい言葉】

「お忙しいところ、お時間を取っていただき、ありがとうございました」

「貴重なお時間をいただき、ありがとうございました」

「ご教示いただき、ありがとうございました」

敬語のルール

42

上司に教えてもらったときの敬語

上司は、たくさんの仕事をかかえ、忙しいものです。上司に教えてもらったときは、敬意のレベルの高い言葉に、感謝の気持ちをこめましょう。

「忙しいところをすいませんでした」「忙しい中をすみませんでした」という表現も耳にしますが、お礼を言うべき場面では、ストレートに感謝の気持ちを伝えたほうが、相手に与える印象もよいものです。

また、上司に対して「さすがですね」「教え方が上手ですね」などという表現は失礼ですので、気をつけましょう。ほめたつもりでも、生意気だと受け止められてしまうおそれがあります。

【教えてもらったときに使いたい言葉】


「お忙しい中をありがとうございました」

「お教えいただき、よく理解することができました」

「お教えいただき、理解が行き届きました」

「お教えいただきありがとうございました。深く理解できました」

「お教えいただき、疑問が解けました」

「大変勉強になりました」

「お忙しい中をご指導くださり、ありがとうございました」

「ご指導いただいたことを、今後に生かしてまいります」

「早速、ご指導いただいたように、○○をいたします」

「ただいまから、お教えいただいたとおりに、実践してまいります」

「ご教示くださり、ありがとうございました」

「ご教示いただいきました、○○の点について、改善していくように努めてまいります」

「気づかずにおりました。ご指摘いただき、ありがとうございます」

「ご指摘いただいた点を、今後、改善してまいります」

敬語のルール 43

上司にモノを尋ねるときの敬語

忙しい上司に尋ねるのですから、タイミングを見計らって尋ねるようにします。これから会議に行くところ、他社に出向くところなど、タイミングの悪いときに尋ねてしまうと、こちらが期待するような答えは返ってきません。

タイミングを見計らい、クッション言葉を使い、適切な敬語で尋ねてみましょう。

尋ねたい要点をまとめ、上司の時間を必要以上に奪わないように気をつけます。会話の中に、「あの〜」「その〜」「えっと」「なんて言えばいいのか」などというノイズを入れないように注意を払います。

また、「ご指導してください」「お教えしてください」の「ご指導して」「お教えして」は、上司を低め、自分を高める謙譲語ですから、使わないように気をつけましょう。

【上司に尋ねるときに使いたい言葉・指導してもらうとき】

「お忙しいところ恐れ入ります。○○についてうかがいたいのですが…」

「お忙しいところ恐縮でございますが、○○の件について、判断をしかねております。ご指導いただけませんでしょうか？」

「お手数をおかけいたしますが、○○の点についてお教えいただけませんでしょうか？」

【上司に尋ねるときに使いたい言葉・日常の会話】

「明日のご都合はいかがでしょうか？」

「こちらは、どのように処理いたしましょうか？」

「こちらを先方にお送りしてもよろしいでしょうか？」

「先方には、どのようにお伝えいたしましょうか？」

「何人分コピーをすればよろしいでしょうか？」

「明日は、何時に先方にいらっしゃいますか？」

「本日は、会社にお戻りになりますか？」

敬語のルール

44

上司にミスを謝るときの敬語

上司に謝るときは、普段よりレベルの高い敬語を使い、申し訳ないと思っている気持ちを伝えるのが原則です。

謝るときに、「どうもすいませんでした」「ごめんなさい」というレベルの言葉を使わないように気をつけましょう。

「すいません」「ごめんなさい」「すみません」は、謝るときの言葉としては軽すぎます。心の中でどのように深く謝っていても、軽い言葉では、その気持ちが相手には伝わりません。

また、当然のことですが、申し訳ないと思っていることを態度で示すことも重要です。

ミスを謝るときには、敬礼か最敬礼をします。そして、お辞儀の前後に必ず上司の目を見るようにしましょう。声のトーンを落とし、謝罪の気持ちを声でも伝えます。

【謝るときに使いたい言葉】


「ご迷惑をおかけし、申し訳ございませんでした」

「私のミスでご迷惑をおかけし、申し訳ございませんでした」

「私の不注意により、多大なご迷惑をおかけしてしまいました。申し訳ございませんでした」

「このたびは、ご迷惑をおかけし、申し訳ございませんでした」

「このたびの件、深くお詫びいたします」

「行き届かず、ご迷惑をおかけいたしました。申し訳ございません」

「不注意でございました。ご迷惑をおかけしたことをお詫び申し上げます」

「このようなご迷惑をおかけしてしまい、お詫びの言葉も見つかりません。誠に申し訳ございませんでした」

＋

「今後このようなことがないように、十分に注意いたします」

「二度とこのようなミスを犯さないように、注意いたします」

「今後このようなミスを犯さないように注意してまいります」

敬語のルール

45

上司にご馳走になったときの敬語

若手社員のうちは、上司にご馳走になる機会も多いと思います。ご馳走になることが当たり前という態度ではなく、感謝の気持ちを言葉で十分に表現しましょう。上司のサイフの中身が軽くなった分を、感謝の言葉で埋めるのです。

「なかなかおいしかったです」
「案外おいしかったです」

などという言葉も、ご馳走してくれた上司に対して失礼です。

また、ご馳走になったときに、「すみません」という言葉ですませてしまわないように気をつけてください。ご馳走になったときは、「ありがとうございます」という言葉で、感謝の気持ちをストレートに届けましょう。

店のよかったところ、料理のよかった点などを具体的にあげ、ほめることも大切です。

さらに、一緒に時間を過ごせた喜びを伝えると、上司の心証もよいことでしょう。

【ご馳走になったときに使いたい言葉】


「大変ご馳走になり、ありがとうございました」

「大変おいしくいただきました。ありがとうございました」

「落ち着いた店で、ゆったりとした気持ちになれました」

「おいしい料理で、活力がわいてきました。明日からまたがんばれます」

「このような新鮮な魚介類をはじめて口にいたしました。ありがとうございます」

「このような高級なレストランに来るのは、はじめてです」

「上品な味付けで、おいしゅうございました」

＋

「今日は、楽しいひとときをありがとうございました」

「楽しいお話をうかがえ、時間が経つのがあっという間でした」

「こんなに楽しかったのは、久しぶりです。ありがとうございました」

敬語のルール

46

上司を評価するような言い方は厳禁

目下の人が、目上の人の力を評価するようなほめ方は、目上の人に対して失礼だと言われています。ほめたつもりでも、目上の人の心証を害してしまっては、ほめ言葉がほめ言葉としての力を発揮しません。

次のようなほめ方は、控えましょう。

×「さすがですね」　×「なかなかやりますね」

×「見直しました」　×「結構すごいですね」

×「隅に置けませんね」　×「案外いいですね」

×「教え方が上手ですね」　×「たいしたものですね」

右のような目上の人を評価する言い方は避けて、代わりに左のような言い方を覚えて使いましょう。

【上司をたたえるときに使いたい言葉】


「勉強になりました」

「教えていただくことばかりです」

「丁寧にお教えいただき、よく理解できました」

「課長のもとで働くことができ、幸せです」

「課長のご指導を仰ぐことができ、幸運です」

「課長のもとで働いていることを、いつも誇りに感じております」

「課長のご指導により、成果が出せました」

「課長のもとで働いていることを、同期にもうらやましがられております」

「家族にも、いつも課長のことを話しております。家族にも、お前は幸せ者だと言われております」

敬語のルール

47

後輩社員がミスをしたときの言葉づかい

敬語を覚えて、社内コミュニケーションをよくしようと考えているならば、後輩社員への言葉づかいにも注意が必要です。場面別に紹介します。

後輩社員がミスを報告してきたら、冷静に聞き、対処方法を指示します。感情的になり、相手を追い詰めることがないように注意しましょう。

一度でも感情的に叱ったり、追い詰めたりしてしまうと、相手は、ミスの報告をためらうようになってしまいます。報告・連絡・相談がしやすい雰囲気ができると、業務がスムーズに運びます。冷静に聞き、親切に応対するのは、後輩社員のためでもありますが、職場全体のためでもあると認識しましょう。

まず、ミスを生まないように、心配りをしておくことが一番です。

① 後輩社員のタイプに合わせて、事前に指示を与えます。細かく指示を与えないとわから

ないタイプには、丁寧に指示を出します。

② 起こりうるミスを想定し、あらかじめ指導しておきます。中間報告も定期的にさせます。

③ それでもミスが起きてしまったら、ミスの報告を最後まで落ち着いて聞き、責任を持って対処させます。

④ 励ましの言葉をそえます。思いやりから発した言葉は、後輩社員を育てる大きな力を持ちます。あなたの一言が人を育て、職場を変えるのです。

次にあげるような言葉で後輩社員を育てるのは難しいでしょう。

×「何をやっているんだ！」「何をやらせてもだめだな」「あなたには期待しないわ」

【後輩社員がミスをしたときに使いたい言葉】

「あなたらしくないミスだけれど、何か心配ごとがあるの？」

「誰にもミスはあるよ。大切なのはあとの対応だよ」

「ミスを単なる失敗に終わらせないで経験に変えるのは、あなた次第だよ」

敬語のルール
48

後輩社員を励ますときの言葉づかい

後輩社員を励ますときには、相手の気持ちに寄り添う必要があります。

相手の気持ちを無視して、自分の言いたいことだけを伝えても、相手の心には届きませんし、単なる自己満足に終わってしまいます。

後輩社員が落ち込んでいるとき、どのような理由で落ち込んでいるのか、その理由に思いを馳せてみましょう。

落ち込んでいる理由を話してもらえる間柄であるなら、その理由を聞いてみてもよいでしょう。そして、その理由を話してくれたなら、その気持ちを汲み取って、言葉を返すと、「気持ちをわかってくれた」「気持ちを理解してくれた」と、相手は感じることでしょう。

落ち込んでいる理由をストレートに聞くような間柄でないならば、飴をさりげなく渡したり、昼食に誘ったりと、できる範囲で、「気にかけているよ」ということを行動で伝えるのも、やさしさです。

「がんばってね」という言葉も、余力のある後輩社員にかけるならばよいのですが、精一杯がんばっている後輩社員に対しては、酷な言葉となりかねません。


【後輩社員を励ますときにかけたい言葉】


「元気がない様子だけれど、大丈夫？」

「あなたらしい笑顔が見られないけれど、心配事があるの？」

「（課長に叱られて落ち込んでいると言われて）課長に叱られたことを気にしているのだね」

「（取引先の気分を害してしまって悩んでいると言われて）今後のことが心配なのかな？」

「久しぶりにお昼を一緒に食べに行かない？　食後のコーヒーは僕がご馳走するよ」

「がんばっているのは、みんなが知っているよ。あなたなら、必ず挽回できるよ」

「失敗は、経験に変えることもできるよ。僕も失敗するたびに、そう自分に言い聞かせてきたんだ」

敬語のルール

49

後輩から相談されたときの言葉づかい

後輩社員から相談を受けたら、できる限り時間を割き、真剣に話を聞きたいものです。相手の話をじっくり聞かないことには、問題の核心をつかむことができません。

独りよがりの聞き方をしたり、アドバイスを急いだりすることは避けるべきです。

相手の言葉を繰り返しながら聞くと、相手にも、「この人は真剣に聞いてくれている」という安心感を与えますし、自分自身が相談内容を的確に把握することもできます。

話をよく聞いた後は、相手が解決方法を見つけられるように導きましょう。

数学の解答と同じで、人から与えられた答えと自分で導き出した答えを比べてみると、後者に大きな力があることがわかります。相手の力を信じる姿勢が、問題解決の力を引き出していくのです。

また、相談内容を的確に伝えられなかったり、整理できていなかったりする後輩社員もいます。本当に言いたいことは何なのかを、質問をしながら、探りあてていきましょう。

【相談例】

「このごろ、仕事の量が多くて困っています」

【言葉がけの例】

×「忙しいのはあなただけじゃないでしょ。みんな忙しいんだ」
×「何を甘えたことを言っているんだ。仕事があるだけいいと思えよ」
○「仕事の量が多くて処理できない状態なんだね?」
○「残業が多くなってつらいのかな?」
○「時間があれば処理できるのかな? それとも、難しい仕事が多くて困っているのかな?」
○「他の人にも手伝ってもらいたいと思っているのかな?」
○「じっくり取り組むためには、仕事の期限を延ばしてほしいと思っているのかな?」

敬語のルール

50

自己紹介をするときの敬語

ビジネスシーンを含め、初対面の印象は、後々まで残ります。好印象を与えることを意識し、レベルの高い敬語で自己紹介をしましょう。

ことに、ビジネスシーンでは、会社を代表して相手に会っているわけですから、その自覚を持ち、相手に対する礼儀を失しないようにしましょう。

次の自己紹介のうち、好印象を与えるのは、どれでしょうか？

①「私、こういう者です」
②「○○です」
③「○○でございます」
④「私、○○社の○○○○と申します」
⑤「はじめてお目にかかります。○○社の○○○○と申します」

④と⑤が好印象を与える自己紹介の仕方です。

①のように、名刺を渡しながらこのようなあいさつをする人がいますが、相手に対して失礼です。初対面のときは、しっかりと名乗りましょう。

②・③は、初対面の自己紹介にはふさわしくありません。ことに②は、敬意が足りません。初めて会った相手には、「申します」と名前を伝えるのがマナーです。「ございます」と伝えるのは、二回目以降に会ったときです。

また、名前をフルネームで伝えると、相手の印象に残りやすくなりますから、相手への印象を強くしたいのならば、フルネームで名乗ることを勧めます。

そして、印象に残りやすいような説明の言葉を加えるのもよいでしょう。以前に私が耳にし、印象に残った名乗り方に、次のようなものがあります。

「磯野慶太と申します。サザエさんの磯野家と同じ苗字でございます」

「吉井忠則と申します。父が国鉄に勤めておりましたので、タダノリ（ただ乗り）とつけられました」

敬語のルール
51

紹介のルール

初対面の二人の間に立って紹介するとき、紹介の順番にルールがあります。相手が誰なのかわからない状態は、不安なものです。大切な相手をその不安な状態に置かないようにするための心配りです。

① 社内の人と社外の人を紹介する場合、社内の人を先に社外の人に紹介します
② 目上の人と目下の人の間に立って紹介する場合は、目下の人を先に紹介します
③ 他人と身内の間に立って紹介する場合は、身内を先に紹介します

二人の間に立って紹介するときには、紹介者の役割を自覚し、和やかな雰囲気づくりに努めましょう。

紹介した二人のコミュニケーションがスムーズに展開するように心配りをするのが、紹介者の役目です。


【紹介するときの敬語・社外の人に対して】

「○○様、ご紹介いたします。当社の○○でございます」

「○○様、ご紹介いたします。弊社の○○と申します」

【紹介するときの敬語・社内の人に対して】
×「こちらは、○○社の○○様でございます」
○「こちらは、○○社の○○様でいらっしゃいます」

社外の人を、社内の人に紹介する場合には、「○○様でいらっしゃいます」と、尊敬語の「いらっしゃる」を使います。

「ございます」は丁寧語ですから、聞き手への敬意を表します。社内の人に対して話すときに、社外の人を「○○様でございます」と紹介すると、社内の人に敬意を払っているような印象を与えてしまいます。

敬語のルール

52

社外の人に上司を紹介する場合

まず、社外の人に、社内の人を紹介するのがルールであると前述しました。

社内の複数の人を紹介する場合には、社内の役職が高い人から紹介するのがルールです。

次の紹介はルール違反です。

×①「当社の○○課長、□□部長です」
×②「当社の○○課長でいらっしゃいます」
×③「当社の○○部長でいらっしゃいます」

①の紹介には、二つの誤りがあります。まず、紹介する順番が違っています。社内の役職が高い人から紹介するのがルールですから、部長を先に紹介し、その次に課長を紹介しなくてはいけません。もう一つの誤りは、名前のあとに役職名をつけていることです。

郵 便 は が き

恐れ入りますが
50円切手を
お貼り下さい

1 1 2 - 0 0 0 5

東京都文京区水道2-11-5

明日香出版社 行

愛読者カード　弊社WEBサイトからもご意見、ご感想の書き込みが可能です！

この本のタイトル				月　日頃ご購入
ふりがな お名前	性別	男 女	年齢	歳
ご住所　郵便番号（　　　）　電話（　　　）				
都道府県				
メールアドレス				

本書を何でお知りになりましたか？

① 店頭で　② 新聞で見て（新聞名　　　　）③ インターネットで

④ 雑誌で見て（雑誌名　　　　）⑤ 知人にすすめられて

⑥ 小社出版物の巻末広告・図書目録を見て　⑦ その他(　　　　)

ご購入いただいたきっかけは何ですか？

① 著者に興味がある　② タイトルに惹かれて　③ わかりやすそう　④ 装丁

⑤ 興味のある内容だから　⑥ その他(　　　　)

ご意見・ご感想などお寄せ下さい

ご意見、ご感想をアスカのホームページで公開してもよいですか？　はい・いいえ

●どんな書籍を出版してほしいですか？

小社書籍がお近くの書店さんで入手できないときはこちらのハガキでお申し込みください。

※別途送料がかかります。下記の表からお選び下さい↓記入のない場合はペリカン便になります。

冊数に関わらずご購入価格(税込)	1500円以上　クロネコ200円	到着まで4～7日	
	1500円以下　クロネコ500円		
	一律　ペリカン便210円	到着7日～14日	

書　名	冊　数

②・③は、名前のあとに役職名をつけ、さらに、社内の上司のことを尊敬語で表現しています。ウチとソトの区別は、慣れないと難しく、ことに、上司の前で上司を高めずに話すのは、抵抗があることも手伝って、②や③のような間違いを犯してしまいがちです。

役職名を伝える必要があるときには、「課長の○○でございます」「部長の○○でございます」と紹介します。「○○課長でございます」「○○部長でございます」という表現はしないように注意しましょう。

ルールに従って紹介すると、

「当社の部長の□□、課長の○○でございます」

「弊社の○○でございます」

「弊社の○○と申します」

となります。

上司に気をつかうあまり、社外の人に失礼な言動をしてしまわないように、気をつけてください。

ルールに従って、さわやかに紹介しましょう。

敬語のルール 53

名刺交換

ビジネスシーンに名刺交換はつきものです。しかし、意外にも、名刺交換の仕方を勉強したことがないというビジネスマンが多いのです。

ここでは、名刺交換のマナーについて確認しておきます。

①名刺交換は、必ず立って行います
②テーブルなどをはさんでいる場合は、相手の前に移動してから名刺を差し出します
③名刺は自己紹介とともに出します
④相手がすぐに読めるように、正面を相手に向けて両手で差し出します
⑤印刷部分を指で隠さないように、余白部分を持ちます
⑥相手の名刺は両手で受け取り、相手の名前など、読めない字があるときは確認をします

⑦名刺は、相手自身だと考え、大切に扱います。腰より下に持っていかないように気をつけましょう

⑧会話の中に相手の名前を織り込むなどして、相手の名前をできるだけ早く覚えるように心がけましょう

【名刺交換のときに使いたい言葉】

「はじめてお目にかかります。私、○○○○と申します。何とぞよろしくお願い申し上げます」

「○○社の○○○○と申します。お目にかかるのを楽しみにしておりました」

「私、○○社の○○○○と申します。お目にかかれ、光栄でございます」

「申し遅れました。私、○○社で○○を担当しております、○○○○と申します」

「申し遅れました。私、○○社の○○○○と申します。こちらこそ、よろしくお願い申し上げます」

敬語のルール

54

うっかり名刺を忘れたら

誰でもうっかりすることがあります。あわただしく出かけたときなどに、名刺入れを忘れてしまうこともあるでしょう。ことに、女性の場合は、バッグを替えたときなどに、名刺入れを忘れがちです。

しかし、それを相手に正直に伝えたら、相手はどのように感じるでしょうか。

・社会人としての自覚が足りない
・そそっかしい
・これから取引するのが、不安だ
・俺を軽く見ている

というように感じるかもしれません。

名刺をうっかり忘れたときには、

「あいにく名刺を切らしておりまして、申し訳ございません」という常套句を使います。

そして、

「名刺が刷り上り次第、郵送させていただきたいのですが、よろしゅうございますか?」

「名刺が届き次第、お送りしたいのですが、よろしいでしょうか?」

と、あいさつをしておきます。

あいさつに出向ける相手、または、出向くべき相手には、

「日を改めてごあいさつにうかがいます」

「名刺が出来上がり次第、ごあいさつにうかがいます」

などと言っておきます。

そして、約束どおり、名刺を郵送したり、あいさつに出向いたりして、誠意を示しましょう。

郵送する場合には、丁寧なお詫びの言葉と、名刺をもらったお礼の言葉をそえると、名誉挽回することができるでしょう。

敬語のルール

55

取引先を訪れたときのマナーと敬語

取引先へ出向くときは、会社を代表して出向いているという自覚を持ち、言葉と態度に気をつけましょう。

取引先を訪問するときには、事前の準備が必要です。

① 訪問先の所在地を確認します。訪問先の住所、電話番号は必ず控え、持参します

② インターネットなどで、電車の乗り継ぎ、所要時間を確認します

③ 持参する書類やファイルを点検します

④ 名刺の数を確認し、多めに持参します

⑤ 身だしなみを整えます

男性の場合は、ネクタイが曲がっていないかどうかを確かめ、女性の場合はストッキングが伝線していないかどうかを確かめましょう。特に、靴はきちんと手入れをしておきましょ

う。携帯用の靴みがきを持っていると便利です。
⑥受付に行く前に、コートは必ず脱いでおきます
⑦受付では、会社名、氏名、約束の相手を告げ、取り次ぎを丁寧な言葉で頼みます
会社を代表して訪問しているという自覚を持ち、受付の人に対しても、丁寧な言葉を使いましょう。


【受付で使いたい言葉】

「○○社の○○と申します。○○部の○○様とのお約束でまいりました。お取り次ぎ願えますでしょうか?」

「○○社の○○と申します。本日、○時から、○○部の○○様と打ち合わせのお約束があり、うかがいました。お取り次ぎいただけますでしょうか?」

取り次いでもらったら、

「お取り次ぎいただき、ありがとうございます」

と、さわやかにあいさつをします。

敬語のルール
56

印象がよい言葉を使おう

言葉には、プラスのイメージがある言葉と、マイナスのイメージがある言葉があります。

取引先を訪問するときには、言葉の持つイメージにも注意を払い、プラスのイメージがある言葉を積極的に使いましょう。

誰でも、マイナスのイメージがある言葉を多用されると、気分がマイナスの方向に向いてしまうものです。

商談を成功させたいのならば、プラスのイメージがある言葉を使うことです。

「あの人が来ると、なぜか、明るい気持ちになれる」

と取引先に思われるようになると、取引先にも歓迎されることでしょう。

次の言葉はマイナスのイメージがある言葉です。打ち合わせの最初にこのような言葉があると、暗い空気が流れてしまいます。大切な打ち合わせを成功させるためにも、次のような言葉は使わないようにしましょう。


「うっとうしい雨ですね」

「じめじめしたお天気ですね」

「暑くて、立っているだけで、汗がダラダラ流れてきます」

「寒くて外に出るのがいやになります」


プラスのイメージの言葉を使うと、それぞれ、

「あじさいがきれいな季節になりましたね」

「青空が恋しい季節になりましたね」

「こんな日の冷えたビールはおいしいでしょうね」

「身が引き締まるような日ですね。気持ちも引き締まります」

などと、言い換えることができます。


自分の言葉を選ぶのは、自分自身です。プラスのイメージがある言葉を日頃からたくわえておくと自分の気持ちも明るくさわやかになります。

敬語のルール

57

取引先に対して謝るときに使う敬語

取引先に迷惑をかけてしまったときには、いつもより丁寧な言葉でお詫びをする必要があります。

企業の謝罪会見のテレビ放送を見ていても、
「ご迷惑をおかけし、どうもすみません」
「このたびは、どうもすみませんでした」
など、軽い言葉で謝罪しているのが気になります。

心の中で、どのように深く謝っていても、言葉が軽ければ、相手に思いは伝わりません。

謝るべきときには、普段よりも、丁寧な、改まった言葉で、申し訳ないという気持ちを相手に届けましょう。

【お詫びのときに軽すぎる言葉】

×「どうもすみませんでした」

×「本当にすみませんでした」

×「迷惑をかけているようで、すみません」

×「どうか、許してください」

【お詫びのときに使いたい言葉】

「このたびは、ご迷惑をおかけしておりまして、申し訳ございません」

「多大なご迷惑をおかけしてしまいました。誠に申し訳ございません」

「納期が遅れ、ご迷惑をおかけしております。誠に申し訳ございません。○日には、必ずお届けいたしますので、なにとぞご容赦ください」

「私どものミスで、ご迷惑をおかけいたしました。心よりお詫び申し上げます」

「このたびは、多大なご迷惑をおかけしており、深くお詫び申し上げます」

「このたびは、ご迷惑をおかけする結果になってしまい、深くお詫び申し上げます」

敬語のルール 58

取引先に対して無理なお願いをするときの敬語

取引先に負担をかける場合にも、普段より丁寧な、改まった言葉を使います。

取引先に負担をかけることを自覚しているということを、言葉で伝えるのです。親しい間柄の取引先の人であっても、無理なお願いをするときには、意識して丁寧な言葉を使いましょう。相手の心に届く言葉を吟味し、真剣に伝えれば、相手も動いてくれるかもしれません。

また、声のトーンにも気をつけ、落ち着いた、慎み深い声を出すようにしましょう。

【取引先に無理なお願いをするときに使いたい敬語】

「明日、お願いにあがりたいのですが、お時間をいただけますでしょうか?」

「明後日、お願いにうかがいたいのですが、お時間を頂戴できませんでしょうか?」

「ご都合のよい日時にお願いにあがりたいと存じます。お時間をいただけませんでしょうか？」

「お願いしたいことがあり、うかがいたいと存じます。ご都合のよい日をお知らせいただけませんでしょうか？」

「ご無理を申し上げて、誠に申し訳ございません」

「ご無理を承知でお願いにあがりました」

「このようなお願いをいたしますのは、心苦しいのでございますが…」

「不躾なお願いで、心苦しゅうございますが…」

「このようなお願いができるのは、○○さんだけでございます。何とぞお聞き届けくださいますよう、お願い申し上げます」

「何とぞ、○○さんのお力をお貸しくださいますよう、お願い申し上げます」

「何とか、お力をお貸し願えませんでしょうか？」

「何とぞ、事情をお察しくださいますよう、お願い申し上げます」

「何とぞ、お取り計らいをお願い申し上げます」

敬語のルール
59
取引先の意向にそえないときの敬語

取引先の意向にそえない場合もあります。そのようなときは、会話の中に自分の気持ちを入れながら、丁寧な言葉で断りましょう。

そして、代案が出せる場合には、必ず代案を出し、あなたなりの誠意を相手に伝えましょう。

「あいにく」
「残念でございますが」
「心苦しいのですが」
「ありがたいお話なのですが」
「お役に立ちたかったのですが」

などは、気持ちが伝わる言葉ですので、積極的に使ってみましょう。

【取引先の意向にそえないときに使いたい敬語】

「あいにく、〇日までに間にあわせることができかねる状況です。〇〇日ならば、お届けすることができるのですが、ご検討いただけませんでしょうか?」

「あいにく、その日は、出張が入っております。〇日以降のご都合はいかがでしょうか?」

「誠に残念でございますが、今回の企画を通すことができませんでした。また、日を改めてご報告にうかがいます」

「誠に残念でございますが、今回は、企画を見送ることになりました。次の機会には、ぜひお力をお借りしたいと存じます。何とぞよろしくお願い申し上げます」

「いつもお世話になっておりながら、ご意向にそえず、心苦しゅうございます。力及ばず、心からお詫び申し上げます」

「お世話になっている〇〇さんのご依頼でしたので、全力を尽くしてまいりましたが、お役に立てずに、残念でございます。誠に申し訳ございません」

「私どもの力不足で、ご意向にそえず、誠に申し訳ございません」

敬語のルール

60

お客様が訪問されたときの敬語

お客様を迎えるときの、基本の態度をあげておきます。その時に使うべき敬語は、左頁にまとめましたので、状況に応じて使ってみてください。

①身だしなみを整えておきます。髪もお辞儀をしたときに顔にかからないように工夫します

②さわやかな笑顔でお客様を迎えます

③会社を代表しているという意識を持ち、親切な応対を心がけます

④はっきりと発音し、相手に伝わる話し方をします

⑤迅速で正確な取り次ぎをします。お客様の名前、取り次ぎ先、用件を正確に聞き取り、担当者に伝えます

⑥お客様の応対に迷ったときは、上司の判断を仰ぎます

【お客様を迎えるときに使いたい敬語】


「いらっしゃいませ」

「おはようございます」

「総務の○○をお訪ねでいらっしゃいますね」

「かしこまりました」

「恐れ入りますが、お客様のお名前をお聞かせ願えますか？」

「恐れ入りますが、お客様のお名前を承ります」

「○○様でいらっしゃいますね。お待ちしておりました」

「ただいま、○○に連絡いたしますので、少々お待ちいただけますか？」

「○○が下りてまいりますので、少々お待ちくださいませ」

「三階の応接室までご案内いたします」

「○○が八階でお迎えいたしますので、こちらのエレベーターで、八階までお上がりくださいませ」

敬語のルール 61

お客様を案内するときの敬語

案内をするときにもマナーがあります。一度覚えてしまえば、どのようなお客様を案内するときにも自信が持てます。

①お客様を案内するときには、お客様の一メートルほど先の斜め前を歩きます

②お客様の歩調に合わせ、歩くスピードを調節します。歩幅や歩調を合わせると、呼吸もあい、歩きながらの会話がしやすくなります

③進行方向を示す場合には、お客様から遠いほうの手で示します

④エレベーターで案内するときには、外のボタンを押し、扉が閉まらないように気をつけながら、お客様に先に乗ってもらいます

⑤応接室の前まで案内し、「こちらでございます」と、入る部屋を示します

⑥必ずノックをします
⑦中に人がいないこと、あるいは面会者がいないことを確認してから、お客様に入室してもらいます
⑧まだ面会者が来ていない場合には、「こちらでお待ちくださいませ」と言い、お客様に座ってもらう席まで案内します
⑨面会者が中にいる場合には、面会者にバトンタッチします

【案内するときに使いたい敬語】


「お待ちしておりました。○○様でいらっしゃいますね」

「○○様、お待ちしておりました」

「応接室までご案内いたします」

「三階の応接室までご案内いたします」

「エレベーターはこちらでございます」

「こちらにおかけになってお待ちください」

敬語のルール
62
上司の代わりに応対するときの敬語

上司の代わりに応対するときは、失礼がないように言葉づかいや態度にも気を配りましょう。

①自分の立場をわきまえ、適切な言葉づかいをします。
②上司の行為を尊敬語で表現しないように気をつけます。
③自分で判断できない問題については、後で上司と相談して回答します。
④責任を持って上司に伝えることを約束し、相手に安心感を与えます。

上司を高める、次のような表現に注意しましょう。
×「○○課長は、ただいまいらっしゃいます」
×「○○部長は、まもなくこちらに見えます」

×「○○部長が○○とおっしゃっていました」

【上司の代わりに応対するときの敬語】

「遠いところをおいでいただき、ありがとうございます」

「お足元の悪い中をお越しいただきまして、ありがとうございます」

「お急ぎのところをお待たせして、申し訳ございません」

「ただいま、○○がまいりますので、少々お待ちくださいませ」

「本日は、○○に急用ができてしまいました。代わりに私がお話を承ります」

「ご用件をお聞かせ願えますでしょうか?」

「○○の点について、○○は承知しておりますでしょうか?」

「私では、判断いたしかねますので、○○と相談の上、改めてご連絡させていただきたいと存じますが、よろしいでしょうか?」

「本日うかがったお話は、責任を持って、○○に申し伝えます」

「本日は、お忙しい中をお越しいただき、ありがとうございました」

敬語のルール

63

クレーム対応の8ステップ

クレーム対応は基本的に8ステップを守れば、相手に対して失礼がないでしょう。

① クレームの内容をしっかり聞きます

クレームだとわかった途端に逃げ腰になり、話を聞かない人がいます。そのような態度は、相手をますます怒らせ、結果的に二次クレームを生むおそれがあります。逃げ腰にならずに、「聞かせていただく」という態度で、じっくりと聞けば、相手の気持ちも落ち着くものです。

② 迷惑をかけたことに対して、丁重な言葉でお詫びします

相手の誤解だったり、こちら側に非がなかったりする場合もありますが、相手に不快な思いをさせてしまったことに対しては、お詫びの言葉を伝えたいものです。

③ 解決策を提示します

具体的な解決策（新商品との取替え・再発送など）を提示し、相手の反応を待ちます。

④自分で対応できない場合は、担当者や上司に代わります

自分で対応できない場合には、タイミングを見計らって、担当者や上司に代わります。その際は、クレームの内容を正確に担当者や上司に伝えます。何度も同じことを言わせると、相手の怒りはますます大きくなりますので、注意してください。

⑤すぐに解決策を提示できない場合には、改めて連絡をします

改めて連絡することを伝え、解決策が決まった時点で、速やかに連絡をします。

⑥注意してくれたことに対して、感謝の気持ちを伝えます

クレームを言っている最中は夢中でも、言った後は後味が悪い人も多いようです。後味の悪さは、会社のイメージにも影響を及ぼしかねません。感謝の気持ちを伝え、その後味の悪さを中和させる必要があります。

⑦上司と担当者に報告し、早急に改善の努力をします

クレームがあったことを隠すのが一番いけません。必ず上司と担当者に伝えます。

⑧クレームの内容により、お詫びに出向きます

迅速な対応をすれば、名誉挽回も可能です。

敬語のルール

64

クレームを受けたときのお詫びの言葉

クレーム対応の際に、役立つ敬語を紹介します。とっさのときに口から出るようにしておきましょう。

①〈状況を詳しく聞くときの言葉〉

「状況を詳しくお聞かせいただけますか？」

「私、○○の担当の○○と申します。状況を詳しくお聞かせ願いたいのですが、お話しいただけますでしょうか？」

「商品の状態をお聞かせ願えませんでしょうか？」

「商品の部品が足りないということでございましょうか？」

「サイズが違うものをお届けしてしまったということでございましょうか？」

「私どもの職員が、お客様に対して失礼な態度をとったということでございますね？」

「接客の言葉づかいがなっていないというご指摘でございますね？」

②〈クレームを受けたときのお詫びの言葉〉

「このたびは、ご迷惑をおかけし、申し訳ございません」

「誠に不行き届きで申し訳ございません」

「お客様にご不快な思いをさせてしまい、誠に申し訳ございません」

「あってはならないミスでございます。深くお詫び申し上げます」

「教育が行き届きませんで、ご迷惑をおかけしてしまいました。心よりお詫び申し上げます」

「私どもの説明不足で、ご迷惑をおかけいたしました。誠に申し訳ございませんでした」

「私どもの手違いでご不便をおかけしております。誠に申し訳ございませんでした」

③〈お礼の言葉〉

「ご指摘いただき、問題点に気がつきました。心より御礼を申し上げます」

「お教えいただき、問題点がわかりました。厚く御礼を申し上げます」

「ご指摘いただいたことを、今後に生かしてまいります。ありがとうございました」

敬語のルール

65

クレーム対応で使ってはいけない言葉

クレーム対応で次のような言葉を使ってしまうと、お客様をさらに不快にさせてしまいます。

普段以上に慎重に言葉を選びましょう。

【クレーム対応で使ってはいけない言葉】

「でも」「しかし」「いいえ」

相手の言葉を否定する言葉を使ってしまうと、相手をますます不快にします。

「だから」「ですから」

これだけ言ってもまだわからないのかというニュアンスを感じさせてしまいます。

×「何度も申し上げているように」
×「先ほども申し上げましたが」
×「そうおっしゃいましても」
×「当社にも事情が」
×「そんな無理難題を言われても」
×「当社に限ってそんなことはありえないと思いますが」
×「そんなことはあるはずがありません」
×「そのようなことは、これまで聞いたことがありません」
×「そのようなミスを犯すはずがありません」
×「○○はベテランですので、そのようなことは考えられません」
×「お客様のおっしゃっていることが、本当かどうか、確かめてきます」
×「お客様の勘違いではないですか？」
×「おかしいですね。説明書を読みましたか？」
×「説明書どおりにお使いいただければ、そのようなことはありえないはずですが」

敬語のルール
66
お客様を不快にする態度

次のような態度はお客様を不快にし、二次クレームを生み出すおそれがあります。細心の注意を払いましょう。

①責任を転嫁する

・お客様の説明書の読み方が悪い・お客様の受け止め方が悪いなど、お客様のせいにする

②逃げ腰になる

・私ではわからないと言い放つ

・担当外なので、私に言われても困ると言う

③ごまかす

・商品に落ち度はないと言い張る

④興奮する

・お客様の怒りに巻き込まれ興奮する
・お客様の言葉をさえぎり、大きな声で応対する

⑤口先だけで謝罪する

・心がこもらないお詫びの言葉を言う
・話をよく聞かないですぐに謝る

⑥話をさえぎる

・お客様の話の途中で反論する
・自分の言いたいことだけを伝える

⑦否定する

・お客様の主張を否定する
・「ありえない」と、お客様の話を否定する
・事実を否定する

⑧対応が遅い

・解決策の提示が遅い
・お詫びに出向くのが遅い

敬語のルール

67

社内の人のミスを代わりにお詫びするときの言葉

自分以外の人のミスであっても、社内の人のミスは、会社全体のミスであると受け止めましょう。そして、会社全体のミスとして受け止めていることが伝わる謝り方をしましょう。

「担当のミスで…」

「受付のミスで…」

「新入社員のミスで…」

などという表現では、社内全体のミスとして受け止めていることが伝わりません。

また、クレーム対応のときの間違い敬語、ことに、社内の人を高める表現は致命傷となりかねません。ミスがあるうえに、間違い敬語を使う＝社員教育が行き届いていない会社というレッテルを貼られてしまうと、信用を挽回するのに、大変な労力と時間がかかってしまいます。

【お詫びのときに使ってはいけない表現】

×「担当のミスのようです」
×「担当のほうには、よく注意しておきます」
×「上司にもお伝えしておきます」（間違い敬語）
×「必ず、上司にもご報告します」（間違い敬語）

「お伝えする」「ご報告する」は、自分を低め、行為の及ぶ先を高めます。この例文の使い方だと上司を高めます。

【代わりにお詫びするときに使いたい表現】

「このたびは、私どものミスでご迷惑をおかけいたしました」
「社内で、いま一度確認し、今後このようなことのないように徹底してまいります」
「ご指摘いただいたことを、社内で再確認し、二度とこのようなことがないようにしてまいります」
「本社にもこのことを報告し、全社をあげて、改善に努めてまいります」

敬語のルール
68

電話の第一声

電話の第一声は、その会社の雰囲気を伝えます。
会社を代表して電話を受けていることを自覚し、
① さわやかに
② 明瞭な発音で
③ あたたかい声を
出すことを心がけましょう。
電話の声が、暗かったり、発音が悪かったりすると、やる気がなさそう、業績が悪そう、
など、相手にマイナスのイメージを与えてしまいます。

電話に出るときは、

①ベルが鳴ったらすぐに
②背筋を伸ばし
③足を組まず
④頬杖をつかず
⑤メモの用意をして
出ましょう。

また、語尾伸ばしは、だらしない印象を与えてしまいますので、「○○社でございますぅ」「○○社でございま〜す」など、語尾を伸ばすくせのある人は直しましょう。


【電話に出るときに使いたい言葉】

「はい、○○社○○課でございます」

「お待たせいたしました。○○社○○課でございます」

「大変お待たせいたしました。○○社○○課でございます」

「おはようございます。○○社○○課でございます」

敬語のルール

69

電話を取り次ぐときの敬語

電話を取り次ぐときは、
①かけてきた人
②かけてきた人の所属
③取り次ぎ先
④用件
をしっかり聞き取り、
①迅速に
②間違いなく
取り次ぐ必要があります。

相手が用件を言ったら、メモをし、正確に取り次ぎ先に伝えましょう。かけてきた相手に用件を何度も言わせてはいけません。

また、社内に同じ苗字の人が複数いる場合には、「○○と申す者は二人おります」と伝え、取り次ぎ先を確認します。

30秒以上待たせてしまう場合には、待たせる旨を伝えたり、「こちらから改めてご連絡いたします」と伝えたりします。保留音にしたまま30秒以上待たせると、相手は不安になりますので、注意しましょう。


【話を取り次ぐときに使いたい言葉】

・すぐにかわる場合
「ただいま、○○にかわります。少々お待ちください」

「ただいま、○○にかわりますので、少々お待ちくださいませ」

「ただいま、○○につなぎますので、少々お待ちくださいませ」
・少し待たせる場合
「ただいま、○○にかわりますので、少々お待ちいただけますか?」

「ただいま、○○につなぎますので、少々お待ち願えますか?」

敬語のルール

70

名指し人が不在だったとき

名指し人が不在のときは、まず、その旨を伝え、相手の意向を確認します。相手の意向を無視して、「かけなおしてください」「明日かけてください」などと命令形で伝えるのは、相手に対して失礼です。

なお、社外の人に対して、席をはずしている理由や外出先について話す必要はありませんが、席に戻る時間や次の出勤日を伝えると親切な対応になります。

【名指し人が不在だったときに使いたい言葉】

〈相手の意向を尋ねるとき〉

「ただいま、○○は席をはずしております。まもなく戻ると思いますが、いかがいたしましょうか？」

「ただいま、○○は会議に出席しております。○分ほどで戻る予定でございますが、いかがいたしましょうか?」

「○○は明日出勤いたしますが、いかがいたしましょうか?」

「○○は明後日に出勤いたしますが、お急ぎでいらっしゃいますか?」


〈用件を聞くとき〉

「私、○○と同じ課の○○と申します。私でよろしければ、ご用件を承ります」

「私、○○を担当している○○と申します。ご用件を承っておくように、申しつかっております」


〈用件を聞いたら〉

用件を聞いたら、必ずメモし、復唱します。ことに日にちや数字の聞き間違いがないように、慎重に確認しましょう。

「○日の打ち合わせを、○日○曜日に変更ということでございますね」

「○個を○個に変更ということでございますね」

「はい、私、○○がたしかにご用件を承りました」

敬語のルール 71

名指し人が休んでいるとき

名指し人が休んでいるときは、謙譲語の使い方を間違わないように特に注意してください。名指し人が休んでいるときに、間違った謙譲語の使い方をする人が多くなっています。名指し人が休んでいるときに、よく耳にする間違い敬語をあげてみます。

① ×「○○は、お休みをいただいております」
② ×「○○は、お休みを頂戴しております」
③ ×「○○は、休まさせていただいております」
④ ×「○○は、休ませていただいております」

①の場合、社内の人の休みに「お」をつける必要はありません。また、「休みをくれる」のは、社内の人ですから、社外の人の前でこのように表現すると、社内の上司を高めている印

象を与えます。

②は、①と同じ間違いです。「頂戴する」のもとの語は、「もらう」です。「頂戴する」も、「くれる人」を高める謙譲語ですので、社内の上司を高めることになります。

③は、いわゆる、不要な「さ」が入った「さ入れ言葉」です。「させていただきます」の流行で、どのような動詞にも「させていただきます」をつける人が増えましたが、5段活用の動詞には、「せていただきます」がつくことを覚えておきましょう。

④の場合、休みを許可するのは、社外の人ではなく、社内の上司ですから、このような表現は、相手に違和感を与えます。「私が休みを許可したわけではない」「お客の前で社内の上司を立てるなんて、言葉づかいを知らないな」などと思われては損をしてしまいます。

【名指し人が休んでいるときに使いたい言葉】


「本日、○○は、休んでおります」

「本日、○○は、休みを取っております」

「○日まで休暇を取っております。○日に出てまいります」

敬語のルール
72

伝言を受けるとき

伝言を受けるときには、5W2Hを意識して聞き、必ずメモを取りましょう。そして、相手の名前や連絡先を確認し、相手に安心感を与えるようにします。

【伝言を受けるときに使いたい言葉】

「私、○○と同じ課の○○と申します。ご伝言を承ります」

「私、○○と申します。ご伝言を承ります」

【伝言を確認するときに使いたい言葉】

「○○ということでございますね?」

「復唱いたします」

「念のため、復唱いたします」
「確認させていただきます」

【相手を安心させるために使いたい言葉】
「私、○○が確かに承りました」
「私、○○が責任をもって、○○に申し伝えます」
「ご用件を、○○に申し伝えます」
「○○が戻りましたら、申し伝えます」

なお、次のような言葉は、社内の人を高める間違い敬語ですので、使わないように注意してください。社外の人と話すときに、社内の人を高めてはいけません。
×「○○にお伝えいたします」
×「○○に申し上げます」
×「○○にご連絡します」

敬語のルール
73

相手の声が聞き取りにくいとき

電話では、相手の声が聞き取りにくい場合があります。ことに最近は、携帯電話でかけてくる人も増えましたので、聞き取りにくい電話も増えてきています。

そのような際に、次のような言い方をすると相手を不快にしてしまいます。

×「もっと大きな声で話してください」

×「聞こえませんので、大きな声で話してください」

×「はっきり発音してください」

電話の声が聞き取りにくいときには、婉曲な表現をし、相手に、「聞き取りにくい」ということを察してもらいましょう。

【電話の声が聞き取りにくいときに使いたい言葉】


「お電話が遠いようでございます」

「混線しているようでございます」

「雑音が入ってしまっております」

「受話器の調子がよくないようでございます」


それでもなお聞き取りにくいときは、相手にかけ直してもらうのではなく、できるだけ自分からかけ直しましょう。その際も、命令形を使わずに、できるだけ相手の意向を尊重する言葉を使ってみてください。

【かけ直すときに使いたい言葉】


「受話器の調子がよくないようでございますので、こちらからかけ直させていただきたいのですが、よろしいでしょうか?」

「雑音が入ってしまいますので、こちらからかけ直したいのですが、よろしいでしょうか?」

「3分後にこちらからご連絡したいのですが、ご都合はよろしいでしょうか?」

敬語のルール 74

相手が名乗らないとき

相手が名乗らず、

「○○さんはいらっしゃいますか?」

「○○さんにかわってください」

などと言われたときは、あわてて取り次ぐことがないようにしましょう。

ことに上司を名指しした電話を不用意に取り次がないように注意してください。名前を聞かずに取り次いだら、迷惑な売り込みの電話だったということになると、あなたの電話応対力に疑問を持たれてしまいます。

まず、クッション言葉を入れ、丁寧な言葉を使い、相手に不快感を与えないように配慮することが大切です。

なお、最近流行している次のような言い方は間違いですので、注意しましょう。一部のマニュアル本にも載っていますが、相手に違和感を与える表現です。

×「お名前をいただけますか？」

×「お名前を頂戴できますか？」

「いただく」「頂戴する」の元の語は、「もらう」です。名前は、あげたり、もらったりするものではありませんから、このような表現をすると「敬語の使い方を知らない人」「失礼な言い方をする人」という印象を与えてしまうおそれがあります。

【相手が名乗らないときに使いたい言葉】

「恐れ入りますが、お名前をお聞かせ願えますか？」

「恐れ入りますが、お名前をお聞かせ願えますでしょうか？」

「恐れ入りますが、お名前をお聞かせいただけますでしょうか？」

「お差し支えなければ、お名前をお聞かせ願えますでしょうか？」

「お差し支えなければ、お名前をお聞かせいただけますでしょうか？」

「恐れ入りますが、お名前を承ります」

敬語のルール

75

社内の人の家族からの電話

社内の人の家族から電話がかかってきたときは、社内の人を立てる表現をします。この点が、ほかの電話と大きく違う点です。

たとえば、社外の人からの電話では、「○○は、席をはずしております」と表現しますが、社内の人の家族から電話がかかってきたときは、「○○さんは、席をはずしていらっしゃいます」というように、尊敬語を使います。

また、社外の人からの電話に対しては、「申し伝えます」と表現しますが、家族からの電話では、名指し人を立てる「お伝えいたします」という表現をします。

この区別が難しいと言う人が多いのですが、社内の人の家族に対しては、社内の人を立てるというルールを覚えてしまいましょう。

名指し人が、自分の部下、または後輩社員である場合も、家族に対しては名指し人を立てる表現をします。「○○さんには、大変お世話になっております」とあいさつをすると、家族にも職場のあたたかい雰囲気が伝わり、家族も安心することでしょう。

社外の人に	家族に
「○○は席をはずしております」	「○○さんは席をはずしていらっしゃいます」
「課長の○○は…」	「○○課長は…」
「部長の○○は…」	「○○部長は…」
「まもなく戻ると思います」	「まもなくお戻りになると思います」
「本日は、外出しております」	「本日は外出していらっしゃいます」
「3時に戻ると聞いております」	「3時にお戻りになるとうかがっております」
「3時に戻ると申しておりました」	「3時にお戻りになるとおっしゃっていました」
「呼んでまいります」	「お呼びしてまいります」
「探してまいります」	「お探ししてまいります」
「ご用件を申し伝えます」	「ご用件をお伝えいたします」

敬語のルール

76

用件はメモにまとめて

こちらから電話をかける前に必ず準備しておきましょう。

① 用件はメモにまとめてから

電話をかけるということは、相手の時間を奪うことです。

用件は、5W2H（いつ・どこで・誰が・何を・なぜ・どのように・いくつ）を念頭に置き、あらかじめメモにまとめておきましょう。

② 大切な相手の場合は、口に出して練習をする

商談の大切な相手や、重要な電話の場合は、電話をかける前に、一度声に出して練習をしておきましょう。練習をしておくと、実際に話すときにスムーズに言葉が出てきます。また、第一声を練習するだけでも、その後の会話に違いが生まれます。

③ 相手の都合を聞いてから話す

電話に出たからといって、相手が暇だということではありません。用件に入る前に、相手の都合を確認しましょう。

「いま、お話ししてもよろしいでしょうか?」

「3分ほどお話ししたいのですが、ご都合はいかがでしょうか?」

④ 用件が複数ある場合には、その旨を伝える

ダラダラと用件を重ね、「あの、それから」「それとですね」「あと…」などと話さず、「本日、お話ししたいことは3点ございます。まず、1点めは…」と、要領よく話を進めましょう。

⑤ 電話のノイズをなくす

電話をかけておいて、「あの〜」「その〜」「え〜っと」「なんて言えばいいのか」「ちょっと」などという、いわゆる電話のノイズを入れる話し方をしないようにしましょう。電話にノイズがたくさん入ってしまうと、相手は集中して話を聞くことができなくなります。

簡潔で、明快な話し方を心がけましょう。

敬語のルール 77

電話をかけるときは、所属と名前を言おう

次に電話をかける時の基本マナーを紹介します。

① 電話をかけるときには、まず名乗る

電話をかけて、唐突に

「○○さんはいらっしゃいますか?」

「○○さんにつないでください」

「○○さんにかわってください」

などと言うのは、マナー違反です。

相手の電話番号が代表番号で、電話交換手が出た場合にも、必ず、

「○○社、○○課の○○と申します」

と、所属と名前を名乗りましょう。

②はじめて電話をかける場合には、「申します」を使う

はじめて電話をかける場合には、「○○社の○○でございます」と名乗るのではなく、「○○社の○○と申します」と名乗るのがマナーです。

「申します」という謙譲語を使い、謙虚な姿勢を伝えます。

③早口にならないように注意

言い慣れた言葉は、ついつい早口になってしまうものです。自分の名前も、言い慣れた言葉のひとつでしょう。

自分の名前を、聞き取れないほどのスピードで名乗る人がいます。セミナーをしていても、早口で、不明瞭な発音で名乗る人が多くなりました。電話で名前を聞き返された経験がある場合には、スピードと、発音に注意を払ってみましょう。

大切な自分の名前です。愛情を持って、名乗ってみましょう。相手に自分の名前を大切にしてほしいと願うならば、まず、自分自身で自分の名前を大切にすることです。

敬語のルール

78

FAXを送るときの敬語

① FAXを送る前に電話をする

FAXを送る前には、電話をして、FAXを送ることを相手に知らせましょう。会社によっては、膨大な量のFAXを受信する会社もあります。あらかじめ知らせておかないと、ほかのFAXに紛れ込んでしまうおそれもあります。

「ただいまから、FAXをお送りしたいのですが、よろしいでしょうか?」

「ただいまから、FAXを送信いたします。ご確認をお願いいたします」

「FAXをお送りいたしますが、届いたころ改めてお電話をいたします」

「3分後にFAXを送信いたします。10分後に改めてお電話をいたします。よろしくお願いいたします」

などと、電話をしておきます。

②枚数を知らせる

送信票や電話で、あらかじめ、送る枚数を知らせておきましょう。そうすることで、行き違いがなくなるでしょう。


「送信票を含め、3枚送信させていただきます」

「送信票を含め、5枚お送りいたします」

③FAXを送ったら確認の電話をする

「ただいま、送信票を含め5枚のFAXをお送りいたしました。ご確認いただけますでしょうか？」

「先ほど、FAXを送信いたしました。お手元に届きましたでしょうか？」

「先ほど、FAXを送信いたしました。お読みになりにくい箇所はございませんでしょうか？」

「先ほどのFAXの件で、確認のため電話をいたしました」

敬語のルール

79

伝言を頼むときは、相手の名前を聞いておこう

ビジネスシーンでは、電話で伝言を頼むことも多いものです。伝言を頼む際は、伝言を受けてくれた人の名前を聞いておきましょう。

名前を聞き出すときには、相手を不快にさせないように配慮し、クッション言葉を使うとよいでしょう。

そして、忘れないように、

①日時

②伝言の内容

③伝言を受けてくれた人の名前

をメモしておきましょう。

「言った」「いや、伝えてもらっていない」というような行き違いやトラブルを防ぐことがで

きます。名前を聞かれたことにより、相手も責任を持って伝言してくれるでしょう。

できれば、電話ノートを作っておき、受けた電話、かけた電話を記入する習慣にすると、何か行き違いが起きたときにも、処理がスムーズにできます。

【伝言を頼むときに使いたい言葉】

「お忙しい中を恐れ入りますが、○○とお伝えいただけますか?」

「お手数をおかけして申し訳ございませんが、○○とお伝え願えますか?」

「ご面倒をおかけいたしますが、○○とお伝え願えますでしょうか?」

【名前を聞き出すときに使いたい言葉】

「恐れ入りますが、お名前をお聞かせ願えますか?」

「恐れ入りますが、お名前をお聞かせいただけますか?」

「大変恐れ入りますが、お名前をお聞かせ願えませんでしょうか?」

「大変恐れ入りますが、お名前をお聞かせいただけませんでしょうか?」

敬語のルール

80

売り込みの電話に対してどのような対応を取る

①丁寧な言葉で話す

職場への売り込みの電話の場合は、相手は、あなたの会社名も所属も知っているわけです。自宅への電話と違い、会社を代表して受け答えしているのだという自覚を持つ必要があります。

迷惑で、かつ仕事に関係のない売り込みの電話だったとしても、乱暴な応対は控え、丁寧な、きちんとした敬語で話しましょう。

②毅然とした態度を取る

相手の話を聞きはじめてしまうと、相手は、「手ごたえあり」と判断し、話を続けてしまいます。それは、双方の時間の無駄です。迷惑な電話だと気がついた時点で断るのが、お互いのためです。

迷惑な、仕事とは関係のない電話に対しては、毅然とした態度で、きちんとした敬語で話しましょう。


【断り方の例】

「仕事中でございますので、失礼いたします」

「そのようなお話をうかがうことはできかねます。失礼いたします」

「私用の電話は禁止されております。ご了承ください」

「そのような商品には興味がございません。ごめんくださいませ」

「あいにく、そのような商品は必要ございません。失礼いたします」

③ 明瞭な発音をする
自信がなさそうに不明瞭な発音で話すと、「売り込みやすい人」という印象を持たれてしまいますが、大きな声で、冷静にハキハキと応対すると、相手も「手ごわい人」という印象を持ち、電話を切ってくれることでしょう。

敬語のルール

81

間違い電話の応対

① 間違い電話に対しても丁寧な応対をする

最初に「はい、○○社でございます」と名乗っているのですから、相手は、社名をその時点で知るわけです。間違い電話だとわかった途端に、声色を変えたり、ぞんざいな応対をしたりすることがないように、気をつけます。

会社を代表して応対しているという意識を常に持ち、間違い電話に対しても、丁寧な口調で応対しましょう。

② 親切な応対を心がける

親切な応対をすれば、会社のイメージをあげることにもなります。

間違えた理由がわからずに戸惑っている相手には、会社の電話番号を伝えたり、住所を伝えたりすると、相手も間違えた理由に気がつくことでしょう。

また、間違い電話は相手も恐縮しているものです。恐縮しているときに受けた親切な応対は、印象に深く残るものです。やさしい声や言葉で話すように心がけ、会社のイメージアップに貢献しましょう。


【間違い電話の応対例】


「こちらは、03・・・・、でございます」

「こちらは、03・・・・、○○社でございます」

「こちらは、東京都国立市で、042・・・・でございます」

「お間違えのようでございます」

「局番が違うようでございます。こちらは、042でございます」


【お詫びを言われたときの応対例】


「はい、失礼いたします」

「はい、ごめんください」

「はい、ごめんくださいませ」

敬語のルール

82

こんなときにはこの言い方

① 迷惑な時間帯にかけなければいけないとき

「朝早くから恐れ入ります」

「早朝に申し訳ございません」

「夜分に申し訳ございません」

「お食事どきに申し訳ございません」

「お忙しい時間に申し訳ございません」

② 家族の勤務先にかけるとき

「お仕事中に恐れ入ります。私、○○の家内でございます。○○がいつも大変お世話になっております。○○はおりますでしょうか?」

「お忙しいところ申し訳ございません。私、○○の娘でございます。いつも父がお世話になっております。父につないでいただけますでしょうか？」

③相手が電話を切ってくれないとき

「いただいた電話で長くお話ししてしまい、申し訳ございません。お電話をありがとうございました」

「長くお話ししてしまい申し訳ございませんでした。また、改めてご連絡をいたします」

④留守番電話だったとき

「○○の件でお電話をいたしました。お戻りになりましたら、ご連絡をいただければと思います」

「○○の件でお電話をいたしました。改めてご連絡いたします」

「緊急にお知らせしたいことがございます。お電話をお待ちしております」

「お戻りになりましたら、ご連絡をいただけますか？　番号は03・・・でございます」

敬語のルール 83

携帯電話にかけるとき、受けるとき

緊急で上司や取引先に電話したり、または、思いがけず取引先から電話がかかってきたりなど、ビジネスの場でも携帯電話を使う機会もあることでしょう。

携帯電話で会話をするときに使える敬語を紹介します。

① 携帯電話にかけるとき

携帯電話にかけるときには、相手に対する配慮が必要です。心配りを言葉で伝えましょう。

「携帯電話にご連絡し、申し訳ございません」

「外出先にまでお電話して申し訳ございません」

「いま、お話しさせていただけますか?」

「3分ほどお話ししたいのですが、よろしいでしょうか?」

「緊急のご連絡があり、お電話をいたしました」

断られたら、「失礼いたしました」「後ほどご連絡いたします」という言葉をそえてください。

② 携帯電話で受けるとき

携帯電話で受けるときには、はっきり名乗り、明瞭に発音することを心がけましょう。

また、会話がラフになりがちなので、敬語をしっかり使うことも忘れないようにしましょう。

「はい、○○でございます」

「お待たせいたしました。○○でございます」

「ただいま、移動中でございますので、5分後にかけ直します」

「電波の状態がよくありませんので、移動してからご連絡をいたします」

「ただいま、ゆっくりお話しすることができかねます。改めて、○時にお電話をいたします」

「打ち合わせ中でございますので、改めてご連絡させていただきたいのですが、よろしいでしょうか？」

敬語のルール
84
手紙の基本的なルール

手紙にはルールがあります。ルールに従って書けば失礼がありませんので、覚えてしまいましょう。

①頭語（結語と対応）…拝啓（敬具）　謹啓（謹言）　前略（草々）
②時候のあいさつ
③相手の健康や安否を気づかう言葉
④日ごろの厚情、厚誼へのお礼の言葉
⑤主文
⑥今後の厚情を願う言葉
⑦相手の繁栄、健康を願う言葉
⑧結びの言葉

⑨結語（頭語と対応）…敬具　謹言　草々
⑩後付…日付　差出人名　あて先人名　脇付（侍史・机下）

〈文例〉
拝啓①
初秋の候②　内田様におかれましては、ご清祥にてお過ごしのことと存じます。③
日ごろはご厚情をいただいており、心より御礼を申し上げます。④
〈主文〉⑤
今後とも何とぞよろしくお願い申し上げます。⑥
季節の変わりめゆえ、お風邪など召しませんようお祈り申し上げます。⑦
まずは、書中にて御礼申し上げます。⑧
敬具⑨
九月三日
山岸　弘子
内田様⑩

敬語のルール

85

覚えておきたい時候のあいさつ

社外用のビジネス文書で、会社から会社への文書の場合は時候のあいさつを用いない場合もありますが、時候のあいさつを書く場合には、「○○の候」という書き方をします。

時候のあいさつは、季節に合っていることが重要です。特に注意が必要なのは、立春すぎのあいさつと、立秋すぎのあいさつです。時候のあいさつと実際の気候にギャップがあるからです。

立春は2月4日ごろ、立秋は8月8日ごろとされていますので、暦に従って、時候のあいさつを選びましょう。

「拝啓　○○の候、貴社におかれましては、ますますご清栄のこととお慶び申し上げます」

「謹啓　○○の候、貴社におかれましては、ますますご盛栄のこととお慶び申し上げます」

などのように使います。

時候のあいさつ

1月 初春の候／新春の候／厳寒の候
2月 余寒の候／立春の候／向春の候
3月 早春の候／春暖の候／浅春の候
4月 陽春の候／春陽の候／暮春の候
5月 新緑の候／若葉の候／惜春の候
6月 初夏の候／入梅の候／深緑の候

7月 盛夏の候／仲夏の候／大暑の候
8月 残暑の候／処暑の候／晩夏の候
9月 初秋の候／新涼の候／秋分の候
10月 仲秋の候／秋冷の候／錦秋の候
11月 晩秋の候／向寒の候／立冬の候
12月 初冬の候／師走の候／寒冷の候

敬語のルール

86

手紙の書き方の注意点

① 筆記用具に注意

ボールペンで書く人も増えていますが、手紙は万年筆で書くべきだと考えている人もいることに配慮し、万年筆を用意したいものです。万年筆で書いたように見える手軽なペンもありますから、そのようなペンを活用してもよいでしょう。

なお、鉛筆書きは相手に対して大変失礼です。

② 基本形式に従って書く

仕事上の手紙は、手紙の基本形式に従って書きます。

③ 相手の社名、名前は上よりに書く

縦書きの便箋の場合は、相手の社名、名前を中央より上に書きます。また、相手の社名や名前を二行に分けて書くのは厳禁です。

④文字は正確に

書きなれない字は必ず辞書で調べ、誤字脱字をなくしましょう。誤字脱字は信用を失いかねません。

⑤必ず清書を

修正液で修正したまま投函することがないようにしましょう。修正がある場合は、必ず清書します。

⑥便箋の折り方に注意を

縦書きの便箋の場合、図のように①便箋の三分の一を下から折りたたみ、②上の三分の一をかぶせるようにします。最初に開く部分に書き出しがくると、相手が読みやすくなります。

■ 便せんの正しい折り方

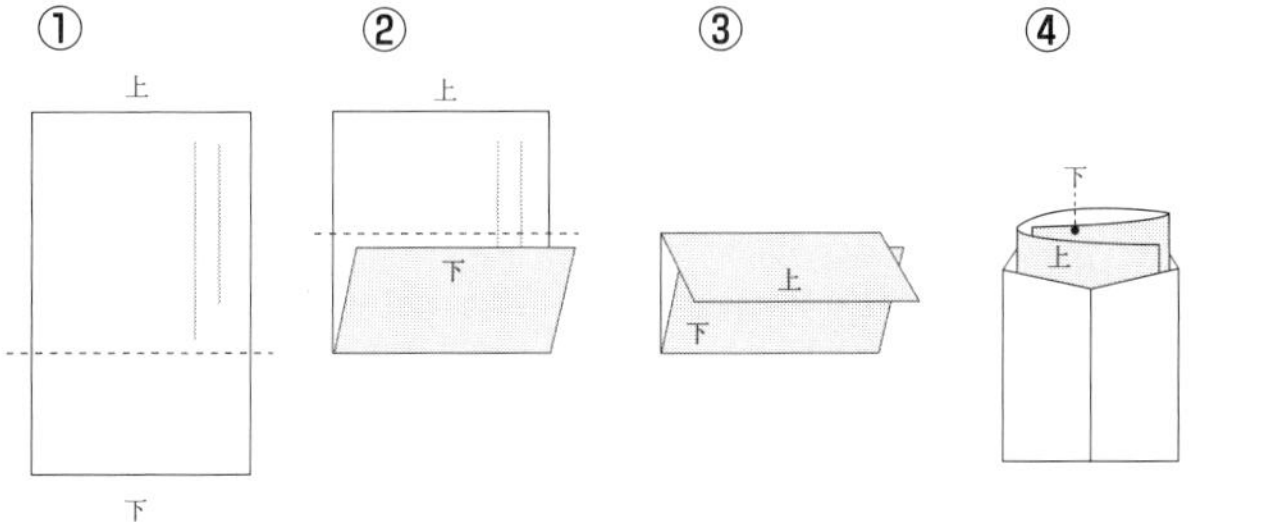

敬語のルール

87

お礼状を書くときの注意点

① 品物を送ってもらったら、すぐにお礼状を書く習慣に

品物を送った相手は、「無事着いただろうか」「喜んでもらえただろうか」と心配しているものです。品物を送ってもらったら、すぐにお礼状を書く習慣をつけましょう。

② 喜びを率直に表現する

品物を送ってくれた相手は、「何を送ったら喜んでもらえるだろう」と、思いを巡らせて、貴重な時間とお金を使って品物を選んでいるはずです。

思いをこめて選んだにもかかわらず、「結構なお品をお送りいただき、ありがとうございました」というような通り一遍の礼状が届いたら、がっかりしてしまうでしょう。

品物に対するお礼の気持ちや、心配りに対するお礼の気持ちを、生き生きと具体的に伝え

てみてください。相手との関係がよりよいものになっていくはずです。

【品物へのお礼の言葉】

「このたびは、見事なメロンをお送りいただき、ありがとうございます。みずみずしくて、甘く、社内で楽しませていただきました」

「立派なりんごをお送りいただき、ありがとうございます。大きな、美しいりんごで、箱を開けた途端、社内で歓声があがりました」

「かわいらしいお菓子をお送りくださり、心より御礼を申し上げます。3時の休憩時間に配ったところ、社内の雰囲気が明るく華やぎました」

③お世話になったときのお礼状に心をこめて

お世話になった相手にも、心をこめてお礼状を書くと、相手の心にしっかりと感謝の気持ちが届くことでしょう。

普段のやりとりはメールでしていても、相手にお世話になったときは、一文字、一文字に心をこめて手紙を書いてみましょう。

敬語のルール
88

お詫び状を書くときの注意

①丁寧な字で書く

普段の手紙よりも一層丁寧な字を書くことを心がけてください。お詫びの手紙なのに、書きなぐったような字であると、相手にお詫びの気持ちが届きません。一字一字にお詫びの気持ちをこめるという意識で書いてみるとよいでしょう。

②手紙の基本ルールに従って書く

お詫びの手紙は改まった手紙ですので、手紙の基本ルールに従って書きます。普段の手紙でもそうですが、お詫びの手紙では、相手の名前や社名が中央より下にこないように、十分注意してください。中央より下にきてしまう場合には、書き直しましょう。

③ 改まった言葉を使う

次のようなラフな表現では、お詫びの気持ちが届きません。

×「どうもすみませんでした」

×「本当にごめんなさい」

×「本当にすみませんでした」

×「どうか勘弁してください」

×「どうかこれからもよろしくお願いします」

×「どうぞこれからもよろしくお願いします」

お詫びの手紙のときには、いつもより改まった言葉を選びましょう。「誠に」「深く」「何とぞ」「申し上げます」などの言葉を使います。

「誠に申し訳ございませんでした」

「深くお詫び申し上げます」

「何とぞご容赦くださいますようお願い申し上げます」

「何とぞ今後ともよろしくお願い申し上げます」

敬語のルール

89

お悔やみの手紙を書くときの注意

①知らせを受けたらすぐに

お悔やみの手紙は、弔問の代わりになるものですので、知らせを受けたら間をおかずに出しましょう。

②季節のあいさつは書きません

お悔やみの手紙では、季節のあいさつは書きません。すぐにお悔やみの言葉を書きます。

×「花の便りも聞かれる今日このごろ、お父様が亡くなられたとのこと…」

○「お父様ご逝去の悲報に接し、心よりお悔やみ申し上げます」

③言葉を吟味して

親族の気持ちに配慮し、不用意な言葉を発しないように心がけましょう。

×「もっと早くに病気を発見していたら…」

×「雪の日にドライブをしなければ…」
×「初心者なのに雪山にでかけるなんて無謀なことをしなければ…」

④忌み言葉を使わないように

お悔やみ手紙を書くときは、次のような忌み言葉を使わないようにします。

×「かえすがえす」
×「くれぐれも」
×「たびたび」
×「しばしば」
×「浮かばれない」
×「迷う」

⑤封筒、便箋にも注意を

封筒、便箋は、白のものを使います。また、封筒は一重のものを使いましょう。

⑥お香典を入れるときは現金書留で

お香典を送るときは、不祝儀袋に入れ、手紙を添えて現金書留で送ります。

敬語のルール

90

ビジネス文書の基本

ビジネス文書は、「簡潔「明確」であることが求められます。基本の形式に従って、過不足のない、明確な文章を書きましょう。

① 記号・番号

右に寄せて、文書の整理番号を記入します。

② 日付

発信日の年月日を記入します。

③ あて名

先方の社名、所属、名前を書きます。複数の個人あての場合は、「○○各位」とします。

④ 発信者名

社名、所属、名前を書きます。

⑤件名

わかりやすい件名をつけます。

⑥頭語

一般のビジネス文書ならば「拝啓」を使います。

⑦時候のあいさつ

本書85「覚えておきたい時候のあいさつ」を参照してください。ビジネス文書では「○○の候」と書くのが一般的です。

⑧繁栄を祝うあいさつ

先方の繁栄を祝うあいさつ、日ごろの厚情、厚誼に対するお礼のあいさつを書きます。社外文書では、これを落としてはいけません。

⑨主文

⑩まとめのあいさつ

⑪結語

頭語に合う結語を書きます。

敬語のルール

91

ビジネス文書のポイント

① 文章は短く、簡潔に

一文が長くダラダラと続く文章は読みにくく、誤解の元にもなります。一文を短くし、簡潔な文章を書くように心がけましょう。伝えたいことが複数ある場合には、箇条書きにし、わかりやすく伝えます。また、略語、専門用語、カタカナ語を使わないように気をつけましょう。行き違いの誘因になるおそれがあります。

② 結論を先に

ビジネス文書の場合は、結論を先に書きます。その後、原因や経過について書き加えます。

③ 敬語の使い間違いに注意

話し言葉はその場で消えていきますが、書き言葉は、後々まで残るものです。ひとつの敬語の使い間違いが、会社の信用にもかかわってきますので、十分に注意しましょう。

平成○年３月３日
○○商事株式会社
営業部長
内田隆様

株式会社　　○○電気
取締役社長　山本弘二

新製品発表会のご案内

拝啓　時下ますますご清栄のこととお慶び申し上げます。平素は格別のご厚情を賜り、厚く御礼申し上げます。

さて、この度、弊社の新製品○○が完成し、「新製品発表会」を下記のとおり開催することとなりました。

ご多用のところ誠に恐縮でございますが、ご高覧いただきたく、ご案内申し上げます。

まずは、略儀ながら書中をもちましてご案内申し上げます。敬具

記

１　日　　時　　平成○年4月15日　10時
２　会　　場　　東京都港区○○　1－2－5
明日香ホテル　ゴールドルーム
電話　03－○○○○―○○○○

以上

敬語のルール

92

文書で気をつけたい間違い表現

テレビを見ていると、「的を得た」「喧々諤々」（けんけんがくがく）などという表現がしばしば使われています。平成15年度の「国語に関する世論調査」（文化庁）で、「的を射る」を正しいと選んだ人は、38・8％で、「的を得る」を正しいと選んだ人は、54・3％でした。つまり、間違い表現である「的を得る」を正しいと思っている人が多いのです。的は射るものですから、言葉の成り立ちを考えると間違い表現を避けることができます。

「汚名挽回」も耳にすることがありますが、「汚名」は不名誉な評判、悪評、「挽回」は失ったものを取り返してもとの状態に引き戻すという意味です。「汚名挽回」と表現すると、汚名を取り戻すという意味になってしまいます。

文書は後々まで残るものです。会社を代表して書いているという意識を持ち、間違い表現がないかどうかを慎重にチェックしましょう。

① カタカナ語

×	○
エンターテイメント	エンターテインメント
クエッション	クエスチョン
サゼッション	サジェスチョン
シュミレーション	シミュレーション
リクレーション	レクリエーション

② 漢字

×	○
異和感	違和感
往複	往復
出向かえ	出迎え
感違い	勘違い
派遺	派遣

③ 混交表現（間違い表現）

×	
明るみになる	明るみに出る ＋ 明らかになる
汚名挽回	汚名返上 ＋ 名誉挽回
間髪を移さず	間髪を入れず ＋ 時を移さず
的を得た	的を射た ＋ 当を得た
眉をしかめる	眉をひそめる ＋ 顔をしかめる
喧《けん》々《けん》諤《がく》々《がく》	喧《けん》々《けん》囂《ごう》々《ごう》 ＋ 侃《かん》々《かん》諤《がく》々《がく》

敬語のルール
93

メールの書き方

① 件名は具体的に

件名はできるだけ具体的に書きます。「ありがとうございました」「申し訳ございません」などという件名だと、用件が何なのか、本文を読むまでわかりません。また、緊急の用件の場合は、件名の最初に【緊急】とつける方法もあります。

② あて名を入れる

個人あてのメールでは、本文の書き出しの前に、「○○様」と、相手の名前を入れます。

③ 差出人名を忘れずに

相手に初めてメールを送る場合は、最初に名乗ります。最初に名乗らないと、最後の署名を読むまで、相手には誰からのメールなのかがわかりません。

④ あいさつを入れる

メールでは、「拝啓」「拝復」などの頭語を入れない場合もありますが、一言、あいさつの言葉を入れたいものです。季節のあいさつや、お世話になっていることへの感謝の言葉を入れてみましょう。

⑤本文は結論から

本文は、簡潔に結論から書きます。必要に応じて、箇条書きをします。

⑥適度に改行を

段落のない長い文章は読みにくいものです。適度に改行し、読みやすい文章にしましょう。一行の文字数にも気をつけ、段落ごとに一行空けると読みやすくなります。

⑦署名を入れる

署名とアドレスは必ず入れます。署名はいくつか用意しておきましょう。ビジネスメールの場合は、会社名・電話番号・FAX番号・メールのアドレスも明示します。

⑧あて先の表示は「様」をつけて

あて先表示を呼び捨てのままにしている人がいますが、相手に対して失礼です。また、アドレス表示のままにしている人がいますが、誤送の誘因になります。

敬語のルール 94

携帯電話へのメールの書き方

① 相手の受信文字数に注意

携帯電話の種類によって、受信可能文字数が違います。送信する際は、相手の受信可能文字数にも注意し、その範囲内に納まるように用件をまとめましょう。

② 用件をコンパクトに

携帯電話への長文のメールは、読みにくいので、相手に負担をかけることになります。要件はコンパクトにまとめるように心がけましょう。

③ 短い文に敬意を込めて

携帯電話へのメールはラフになりがちですので、ビジネスメールの場合は気をつけなければなりません。敬語を上手に使って、短い文の中に敬意を込めましょう。

〈簡潔な敬語表現を〉

携帯電話へのメールでは、簡潔な敬語表現をしましょう。

「至急、ご連絡なさってくださいますようお願いいたします」

↓「至急、ご連絡くださいますようお願いいたします」


〈「別語形式」の敬語を使う〉


「別語形式」の敬語を使うと、文字数を節約できる場合があります。

「開始時間の変更の件、知っていらっしゃいますか?」

↓「開始時間の変更の件、ご存じですか?」

「資料を読ませていただきました」

↓「資料を拝見しました」

④文字数が少ない表現を工夫して

「ご~願えますか」が一番文字数を節約できます。
「集合時間を二時に変更していただけますか?」
↓「集合時間を二時にご変更いただけますか?」
↓「集合時間を二時にご変更願えますか?」

敬語のルール 95

メールで依頼するときには注意が必要

①急ぎの用件は電話で確認を

毎日メールに目を通す人もいますが、そうではない人もいます。こちらは、メールで依頼したつもりでも、相手は読んでいなかったということもありえます。緊急の用件の場合は、電話で直接依頼するか、メールを送ることをあらかじめ電話で連絡しておきましょう。

②件名を具体的に

依頼のメールでは、件名を具体的に書くことが重要です。依頼のメールであることがわかれば、相手も優先的に読んでくれることでしょう。

③命令形を避ける

メールの文字には表情がないので、相手に強く響きがちです。文字数は増えますが、依頼のメールの場合には、やわらかく相手に届く表現を工夫してみましょう。

命令形を使うと、相手に強圧的に響いてしまうおそれもありますので、避けるのが無難です。メールでは、相手の意向を尋ねる表現にしたり、お願いする形にしたりすると、相手にやわらかく依頼が届きます。

メールでの依頼は、「通常よりもややわらかい表現で行う」を原則としてください。

命令形	メールでの依頼・言い換え例
書類をご送付ください	書類をご送付願えますか？
明後日、来社してください	明後日、当社までお越しいただけますか？
ご都合をお知らせください	ご都合をお知らせくださいますか？
ご連絡をください	ご連絡をお待ちしております
至急お返事をください	お返事をお待ちしております

敬語のルール

96

メールで失敗しないために

①手紙、メール、電話の使い分けを

内容や相手によって、手紙、メール、電話を使い分けましょう。目上の人へのお詫びやお願い、お礼の場合は手紙を書きましょう。緊急の際や複雑な用件の場合は電話をしたほうがトラブルを避けられます。

メールは簡便ですが、内容や相手によっては失礼になることもありますので、上手に使い分けるよう、工夫が必要です。

②48時間以内に返事を

メールはできれば、24時間以内に返事をしましょう。遅くとも48時間以内に返事をするのがマナーで、「48時間ルール」とも言われています。開封したらその場で返信する習慣にすると、返信のし忘れがなくなります。

③ 文字化けに注意

ＯＳの異なる機種間でメールのやりとりをする場合、半角のカタカナや丸付き数字などは文字化けの原因になりますので、使わないようにするのが無難です。

〈文字化けする文字例〉

丸付文字①②③④…　かっこ付文字　㈱㈲　ローマ数字　ⅠⅡⅢ…

④ メールははがきと同じ

メールははがきと同じように、他人に読まれることもあります。ビジネスメールで個人的なやりとりをするのは控えましょう。また、重要な個人情報は書かないように気をつけましょう。

⑤ 添付ファイルは相手に断ってから

添付ファイルがある場合には、あらかじめ、ファイルを添付してもよいかを相手に確認しておきましょう。ウイルスメールもありますので、本文の中でファイルの添付を知らせないと、開いてもらえないおそれもあります。また、容量が大きすぎると、受け取れない場合もありますので、相手の容量も確認しておきましょう。

敬語のルール
97
お祝いの席での言葉づかいとマナー

① **明るくさわやかなあいさつを**

お祝いの席では、明るくさわやかにあいさつをしましょう。面識のない人に対しても積極的にあいさつをしてください。

② **イスに座るときは、周りの人に会釈を**

イスに座るときには、周りの人に笑顔で会釈をしてから座りましょう。マナーがよい人という印象を与えることもできますし、その場の雰囲気を和ませる働きもあります。

③ **周りの人には自己紹介を**

主催者との関係や自分の会社名、名前を紹介しましょう。その後の会話を発展させることができることでしょう。

④ **話題に注意して**

お祝いの席では、話題にも配慮しましょう。宗教、政治の話題は避け、暗い話題も避けます。その場が和み、華やぐような話題を心がけましょう。

⑤詮索しすぎない

相手の年齢、家族などは、親しくなって相手が話しはじめたらあいづちを打つようにし、自分からあれこれと相手のプライバシーを詮索しないようにします。

⑥乾杯のマナーを心得て

乾杯のときは、グラスを胸の高さに持ち、乾杯の発声とともに目の高さにグラスをあげます。アルコールが苦手の人も、乾杯のグラスには口をつけるのがマナーです。

⑦スピーチをしっかり聞く

スピーチがはじまっても、周りの人と話をしたり、背を向けたりしているのは、マナー違反です。スピーチがはじまったら、スピーチをしている人のほうに体を向けたり、顔を向けたりして、しっかりと聞きましょう。

⑧席を立つときはタイミングを見て

途中で席を立つときは、スピーチや余興の合間にそっと立ちましょう。

敬語のルール
98

結婚式での言葉づかい

①受付で

受付では、お祝いの言葉を伝えたあと、自分の名前をフルネームで名乗ります。その際、新郎側か新婦側かを伝えると受付の人も確認しやすくなります。

「本日はおめでとうございます」
「本日は誠におめでとうございます」
「新郎の友人の○○○○と申します」
「新婦の友人の○○○○と申します」

②新郎新婦に会ったら

新郎新婦に会ったら、まず「おめでとうございます」とお祝いの気持ちを伝えます。さらに新郎や新婦をたたえる一言を添えましょう。

「本日はおめでとうございます。○○さん、おきれいですね」

「本日はおめでとうございます。美しい花嫁ですね」

「おめでとうございます。すてきなお二人ですね」

「おめでとうございます。○○さんの花嫁姿を楽しみにまいりました。お美しいですね」

③ 新郎新婦の両親に会ったら

新郎新婦の両親に会ったら、お祝いの言葉と招待へのお礼を伝えます。初対面の場合は、簡単な自己紹介もしましょう。新郎新婦との関係も伝えると、両親との会話もスムーズに運びます。

「本日はおめでとうございます。お招きにあずかりありがとうございます。○○さんの高校時代の同級生で、○○○○と申します」

「本日はおめでとうございます。私は、○○さんと同じ部署で働いております○○○○と申します。お招きにあずかりありがとうございます」

敬語のルール

99

結婚式でのスピーチの構成

結婚式でのスピーチを頼まれたら、快く引き受け、準備を進めましょう。

① お祝いの言葉を

スピーチの最初にお祝いの言葉を述べます。

「(新郎の)○○さん、(新婦の)○○さん、本日はおめでとうございます」

② 自己紹介を

新郎または新婦との関係や、立場、名前を自己紹介します。名前を名乗るときにはフルネームで名乗りましょう。このときも、「ございます」ではなく、「申します」と名乗ります。

「私、○○さんと高校時代の同級生で、○○○○と申します」

「私、新婦の○○さんと同じ職場で働いております、○○○○と申します」

③ 主題を決める

新郎または新婦の人となりがわかるような話をします。具体的なエピソードを入れると、列席者も興味を持って聞いてくれます。新郎または新婦の気分を害するような話題は避けなければいけません。

「高校時代の○○さんは、バスケット部のキャプテンでした。頼りがいのあるキャプテンで信頼を集めていました。忘れられない思い出があります。それは…」

「職場での○○さんの周りには、いつも人がたくさん集まります。そのわけは…」

④ 結びの言葉を添える

「どうぞ、末永くお幸せに」

「末永いお幸せをお祈りいたします」

以上のような構成にし、原稿にまとめ、声に出して練習をしておきましょう。3分以内に収まるように調整しておきます。緊張してしまいそうなときは、原稿やメモを持参してもよいでしょう。当日は、背筋を伸ばし、にこやかに、堂々と話しましょう。

敬語のルール
100

弔事のときの言葉づかいとマナー

通夜、告別式では、受付をすませてからお参りをします。通夜と告別式の両方に参列する場合は、通夜のときに香典を出し、記帳は通夜と告別式、両方にする必要があります。

① 服装は黒で統一

光沢のある革製品や、エナメルの靴、金具のついた靴、小物は避けます。靴や靴下、ストッキングも黒で統一しましょう。コートなども派手な色は避け、黒のコートがある場合には、黒を着用します。

② メイクは控えめに

ラメ入りのメイクや、濃い赤の口紅、リップグロスは避けます。また、色の濃いマニキュアや派手なマニキュアも落としておきましょう。

③ 受付であいさつを

受付では、

「ご霊前にお供えください」

「些少ですが、ご霊前にお供えください」

とあいさつをし、香典を渡します。なお、仏教の考え方では、死後49日が経ってから仏様になります。それ以前は、「ご仏前」とは言わずに「ご霊前」と言います。

受付がすんだら、

「お参りさせていただきます」

と言い、受付を離れます。知り合いに会った場合も目礼のみにし、言葉を交わすのは控えましょう。知り合い同士で話し込むことも控えましょう。

④ 宗教によって言葉が違う

キリスト教の葬儀では、「ご冥福」「お悔やみ」「ご愁傷様」という言葉は使いません。また、神式の葬儀でも「ご冥福」「供養」「焼香」などの言葉は使いません。注意が必要です。

〈例〉キリスト教「安らかにお眠りになることをお祈りいたします」

神式「御霊のご平安をお祈り申し上げます」

敬語のルール

101

ビジネスの相手や社内の人の訃報を受けたら

①いつ、誰が亡くなったのか
②通夜、告別式の場所
③喪主
④宗教・宗派
⑤ほかに誰に連絡すべきか
を聞き、必ずメモしましょう。そして、社内のしかるべき人に連絡をし、指示を仰ぎます。

会社を代表して通夜や告別式に参列する際は、会社を代表して参列しているという自覚を持ち、きちんとした態度で臨みます。また、親族の心情に思いを馳せ、慎み深い態度を取りましょう。

親族にあいさつをするときは、（仏教の際）

「誠にご愁傷様でございます。突然のお知らせで、いまだに信じられない気持ちでございます」

「このたびは、ご愁傷様でございます。一日も早いご回復をとお祈りしておりましたが、残念でなりません」

「あまりにも突然のことで、ご家族のお悲しみを思うと、言葉が見つかりません」

などとあいさつをします。

故人と対面するときは、

「お別れさせていただきます」

と親族にあいさつをしてから、故人と対面します。


電報を送るときは、弔電のあて名は喪主とします。故人の呼称は、敬称で、父親→御尊父様　母親→御母堂様　夫→御主人様　妻→御令室様などと表します（ルール18参照）。

あとがき

「敬語を使うようになったら、自分自身が穏やかになった」

「敬語で話すと、自分がやさしい気持ちになることがわかった」

これは、たくさんの受講者が異口同音に寄せる感想です。

本書の「敬語のルール01」で触れたように、敬語を使えるようになると、周りから信頼され、仕事を任せられることがわかっていますが、自分自身の気持ちにも敬語の使用は影響を与えるようです。


なぜ、敬語の使用が自分の気持ちに影響を与えるのでしょうか?

それは、自分の言葉を誰よりも聞いているのは、自分自身だからです。荒い言葉、相手を尊重しない言い方、それはもちろん相手の耳に届いていますが、自分自身の耳にも聞こえているのです。「敬語を使うようになったら、自分自身が穏やかになった」という感想は、耳から入る言葉の力を伝えてくれています。

大人でも、子どもでも、美しい、人を尊重する言葉に囲まれると、その人の表情は、やさしく、清々しい表情に変わっていきます。自分の言葉は自分の耳からも入ってきますから、自分自身の発する言葉によって、自分の表情をやさしく、清々しいものにしていくこともできるのです。

自分の言葉は、自分で選ぶものです。どのような言葉を選ぶかで、自分の日常や人生が変わっていきます。相手を尊重する、美しい言葉を使うことで、周りとのコミュニケーションも円滑になりますし、自分自身の心も自分の使う言葉によって豊かに満たされていきます。

本書の利用で、読者のみなさまの毎日がますます輝くことを心より祈っております。

この場をお借りし、本書のために尽力してくださった明日香出版社の古川創一氏に御礼を申し上げます。

山岸　弘子

■著者略歴
山岸　弘子（やまぎし　ひろこ）

ＮＨＫ学園専任講師。ＮＨＫ学園で敬語指導にあたる傍ら、航空会社接遇資料作成協力やＴＶクイズ番組の敬語問題監修にも携わる。

「あたたかい言葉でこの国を満たしたい」という夢に向かい、全国各地で、研修、講演も行っている。

著書『敬語のケイコ・ＣＤ付』（日本実業出版社）、『敬語の達人』（祥伝社黄金文庫）、『患者さんの心と信頼をつかむコトバづかいと話し方』（クインテッセンス出版）ほか。

雑誌掲載「フィナン」「経営者会報」「国土交通」「歯科医院経営」「歯科衛生士」など。

ご意見をお聞かせください
ご愛読いただきありがとうございました。本書の読後感想・御意見等を愛読書カードにてお寄せください。
また、読んでみたいテーマがございましたら積極的にお知らせください。
今後の出版に反映させていただきます。
☎ (03) 5395-7651
FAX (03) 5395-7654
mail：asukaweb@asuka-g.co.jp

あたりまえだけどなかなかできない　敬語《けいご》のルール

2007年　3月　31日　初版発行
2009年　10月　26日　第28刷発行

著　者　山岸弘子《やまぎしひろこ》
発行者　石野栄一

〒112-0005　東京都文京区水道2-11-5
明日香出版社
電話（03）5395-7650（代表）
（03）5395-7654（FAX）
郵便振替 00150-6-183481
http：//www.asuka-g.co.jp

■スタッフ■　編集　早川朋子／藤田知子／小野田幸子／金本智恵／末吉喜美／久松圭祐
営業　小林勝／浜田充弘／渡辺久夫／奥本達哉／平戸基之／野口優／横尾一樹／後藤和歌子
大阪支店　梅崎　潤　M部　古川創一　経営企画室　落合絵美　経理　藤本さやか

印刷　三松堂印刷株式会社
製本　根本製本株式会社
ISBN 978-4-7569-1059-2　C2036
乱丁本・落丁本はお取り替えいたします。

編集担当　古川　創一

あたりまえだけどなかなかできない 営業のルール

西野　浩輝

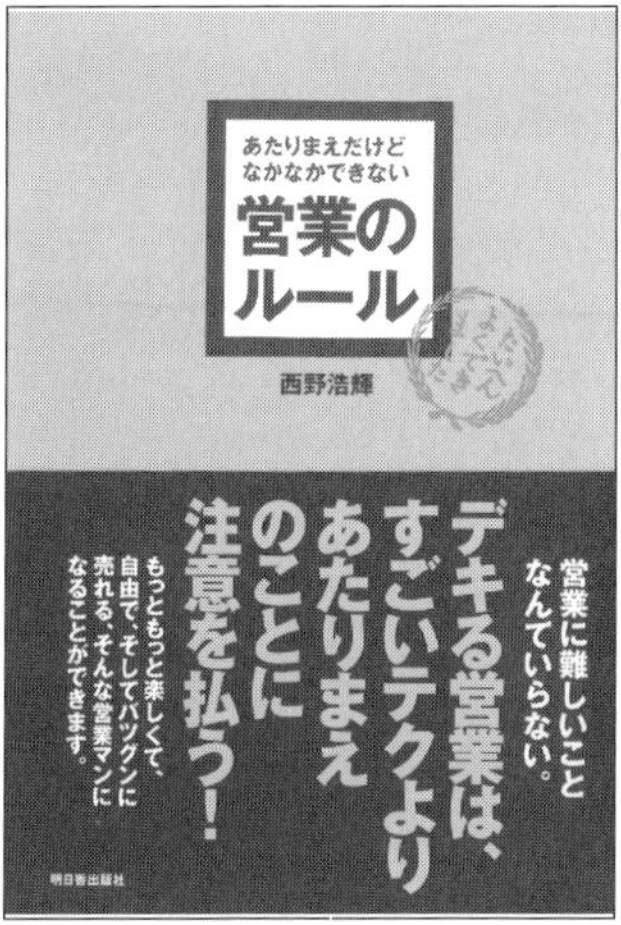

営業テクニックについて解説した本がブームだが、実際は本のようにはうまくいかない。テクニックに走る前に、営業マンとして、ビジネスマンとしての基礎ができていないから当然である。

本書では、あたりまえと思われがちな営業の基本ができていない人に向けて、よくある営業研修や営業本にある堅苦しい内容とは一線を引いた、デキル営業マンのいつの時代も普遍的な営業作法を述べていく。

定価998円　'05/10発行　B6並製
216ページ　ISBN4-7569-0906-×

あたりまえだけどなかなかわからない 組織のルール

浜口　直太

組織とはどういうものか、組織のなかでどうあるべきか、あたりまえでとても大事なことにも関わらず、意外とわかっていない・守られていない「組織のルール」を、実例を通して具体的に解説します。大好評「あたりまえだけどなかなかできない　仕事のルール」の浜口直太氏第2弾！

定価998円　'05/10発行　B6並製
216ページ　ISBN4-7569-0935-3